口述档案与社会记忆研究

杨洋——著

黄河出版传媒集团
宁夏人民出版社

图书在版编目（CIP）数据

口述档案与社会记忆研究 / 杨洋著. -- 银川：宁夏人民出版社，2024. 11. -- ISBN 978-7-227-08082-4

Ⅰ. G272

中国国家版本馆CIP数据核字第2025YD2877号

口述档案与社会记忆研究　　杨洋　著

责任编辑　管世献　白　雪
责任校对　陈　晶
封面设计　王敬忠
责任印制　侯　俊

黄河出版传媒集团 宁夏人民出版社　出版发行

出 版 人　薛文斌
地　　址　宁夏银川市北京东路 139 号出版大厦（750001）
网　　址　http://www.yrpubm.com
网上书店　http://www.hh-book.com
电子信箱　nxrmcbs@126.com
邮购电话　0951-5052106
经　　销　全国新华书店
印刷装订　宁夏银报智能印刷科技有限公司
印刷委托书号　（宁）0031471

开本　787 mm × 1092 mm　1/16
印张　15.25
字数　190 千字
版次　2024 年 11 月第 1 版
印次　2024 年 11 月第 1 次印刷
书号　ISBN 978-7-227-08082-4
定价　50.00 元

目　录

绪 论

一、口述档案与社会记忆研究的重要性和研究背景

“口述档案是档案学研究领域中的新兴事物，它产生的时间并不长，但是其渊源却很长，可以上溯到汉代司马迁著的《史记》。在封建社会时期，档案是以记录帝王将相为主，所以它也被国家统治阶层所拥有，普通的百姓更是无权使用档案。即使后来的民国史、党史、战争史、思想史及革命史等都是以上层人物如政治领袖、精神领袖等领导人、精英人物为中心的。史官凭借宫廷档案典籍描写的是对官吏的歌颂，对帝王的政治的推崇和向往。历史是由人民创造的，但是纵观整个历史，人民的面孔却是模糊的。随着西方新史学的发展，口述史学成为历史学的新的分支，因为它倡导的民主化，得到了迅猛的发展。正是在这一背景下，口述档案这一概念被我国档案学者提出，并引起了广泛的关注。”[1]口述档案作为通过言语表达记录下来的个体或群体经验、目击事项、情绪体验、思维逻辑与见解的档案，构成了档案学中一个独特的分支，成为历史文献的宝贵组成部分。这类资料不只是对历史事件的逐一陈述，它们更能够显现出历史参与者的个人视角，为历史的多维解读提供必要的补充与参照。同时，口述档案记录群体在特定时空背景下所共同经历的过程，成了构建社会记忆的关键载体，它们所蕴含的对过去、现在乃至未来的认知与评判，是研究社会记忆不可或缺的

原始资料。

社会记忆，是指在群体共同经历与互动中所孕育并通过多种形式被继承与更新的关于过去的知识、感情与价值观念。作为一个充满活力、多样化、选择性强且不断建构的社会与文化现象，社会记忆与历史、社会、文化紧密相连，塑造着群体的认同与归属感。社会记忆研究，作为一门跨学科领域的新学科，包括历史学、社会学、心理学、人类学等多个学科的研究方法与视角，致力于揭示记忆的生成、传递、演变与作用。

在口述档案与社会记忆的交会点上，我们发现了一种紧密且错综复杂的相互作用。口述档案为社会记忆提供了丰富多彩的内容来源，展现了不同历史参与者和社会群体对过去的理解与评价，同时也成为记忆传递与更新的重要媒介。在此过程中，口述档案与社会记忆相互影响、相互塑造，对彼此的内容与形态产生深远的影响。社会记忆在其形成与演变的历程中，同样会对口述档案的产生与评价产生作用，进而影响口述档案的收集、整理与保存。

由此看来，口述档案与社会记忆既有共同之处，也有各自的特点；既存在合作，也存在冲突，这种多维的关系值得我们进一步探究与分析。实际上，在国外学术界，诸多研究者已从不同的学科视角对口述档案与社会记忆的关系进行了深入研究。例如，有学者从档案学的角度切入，探讨口述档案的定义、特性、分类、价值与功能，定义口述档案“为研究利用而对个人进行有计划采访的结果，通常为录音或录音的逐字记录形式”[2]。另有学者从历史学的角度出发，研究口述档案在历史研究中的地位与贡献，阐述口述历史的理论与实践，并认为口述档案是历史研究中不可或缺的资源，为历史的解读提供了新的视角与信息，认为口述历史不仅是一种历史记录方式，更是一种全面、深入挖掘和展示历史的工具。此外，一些学者从社会学的视角分析社会记忆的概念、理论、研究方法与社会作用，认为社会记忆是一个大我群体的全体成员的社会经验的总和，强调社会记忆是社会群体在共同经历中形成的知识与情感的集合。还有学者从文化研究的角度探究口述档案与社会记忆之间的关系。

国内，一些学者也对口述档案与社会记忆问题展开了研究。从理论和实践两个层面看，在档案领域，学者们侧重剖析口述档案的概念、本质、价值，他们认为“档案从它的起源和本质讲，乃是一种社会记忆工具，书面档案和口述档案的本质都是社会记忆，它们都具有原始性”，“口述档案是个人记忆的输出和整理，是联系个人记忆与社会记忆之间的桥梁，是社会记忆建构的保障”[3]；在历史学领域，侧重探讨口述历史的概念、研究方法、特征，并对其在不同领域的影响进行评估，如“口述历史的兴起标志当代史学研究的视野从单纯的文献求证转向社会、民间资料的发掘，出现了关注社会下层，‘自下而上看历史’的新视角”[4]。“口述历史的兴起不仅拓展了史料收集的范围，将活生生的口述史料整理并保存下来，为史学研究提供了必要的线索及必备的资料，而且扩大了历史文本的写作队伍，对口述史有兴趣的非历史专业的新闻记者、社会调查者及作家，都可以进行口述历史访谈，可以收集、整理并刊印口述历史文本。”[5]社会学领域的学者则研究社会记忆，分析社会记忆在不同领域的作用，探讨社会记忆与中国现代化进程的关系，提出对中国式现代化的启示，如现代化中社会记忆的历史定位，是指“人们以现代化社会转型为基础和目标，以社会历史、现实和未来发展的连续性为准绳，以历史合理性和现实可操作性的统一为导向，以人自身的知识经验、人格特征、思维方式、价值观念的现代转变为宗旨和归宿，通过批判和重构对社会记忆的历史传统加以甄别、现实方位进行确定、未来方向进行澄清”[6]。在文化研究领域，学者们则强调口述档案在社会记忆研究中的重要作用。

以上是对国内外学术界关于口述档案与社会记忆研究的简要概述，从中可以看出，这是一个充满活力与创新的研究领域，已经取得了诸多重要的成果。然而，我们也应当看到，该领域仍面临着诸多问题与挑战，亟须我们进一步深入探索与拓展。例如，在理论层面，口述档案与社会记忆之间的关系尚未形成一个完备且系统的理论框架，这要求我们从多角度、多层次进行整理与构建。在方法层面，口述档案与社会记忆的互动与影响还未建立起一个有效且规范的研究方法体系，这需要我们在不同方面与环节进行探索与完善。在实践层面，口述档案与社会记忆的应用与作用尚未形成一个广泛且深入的实践模式，这要求我们在不同领域与主题中进行推广与深化。

为了应对这些挑战，本书的目标是对口述档案与社会记忆之间的关系进行系统的研究，从理论、方法、实践等多个方面进行深入分析与探讨。希望能为口述档案与社会记忆相关问题研究提供新的视角，同时为历史研究、社会发展、文化传承作出贡献。

二、本研究的目的、结构和方法

本研究致力于深入剖析口述档案与社会记忆的相互关系，通过理论阐释、方法应用和实践考察等多角度分析，为口述档案与社会记忆的研究贡献新的视角与参照。笔者期望本研究能够深化对历史学、社会发展的认识，同时为文化的传承和丰富提供启迪。

（一）本研究的结构

绪论介绍口述档案与社会记忆的研究背景，研究的目的、结构、方法，还介绍当代档案学、记忆研究、历史学、社会学、文化学、叙事研究的理论框架。

第一章主要介绍口述档案的定义、特点、分类，同时介绍口述档案与其他类型档案的关系，还介绍口述档案的收集、整理、保护、伦理问题。

第二章主要介绍社会记忆的概念、理论、研究方法，社会记忆与历史、社会、文化的关系，还介绍口述档案在社会记忆研究中基础理论和角色定位，以及其他学科的社会记忆研究方法、视角。

第三章主要分析如何通过口述档案记录和传承社会记忆，以及口述档案对社会记忆的影响，还介绍口述档案与社会记忆研究的方法和工具。

第四章主要分析口述档案与社会记忆研究领域存在的问题和挑战，以及口述档案的可靠性问题，还分析社会记忆的多样性、争议性问题。

第五章主要介绍研究口述档案的方法和技术创新，以及口述档案的数字化、数据管理问题，还介绍社会记忆研究的跨学科合作和实践案例。

第六章主要介绍口述档案在历史研究、社会发展、文化传承、教育、公共政策制定中的应用，还介绍口述档案与社会记忆的社会意义。

第七章主要对口述档案与社会记忆关系进行总结回顾，以及对未来研究的建议。

（二）研究方法

一是文献综述法。通过广泛搜集并分析国内外相关的研究文献，全面审视口述档案与社会记忆之间的关系，对现有的研究成果进行整合。

二是比较分析法。通过横向对比不同类型、领域、主题和地区的口述档案与社会记忆，深入探讨它们之间的联系与区别，提炼出它们的共性与特性。

三是案例研究法。选取具有代表性的典型实例，仔细研究口述档案与社会记忆的相互作用和影响，分析它们的优势和局限。

四是创新探索法。采用新的理论、方法和技术，针对口述档案与社会记忆的问题提出创新的解决方案，对其应用和未来的发展提出前瞻性建议。

三、当代档案学、记忆研究、历史学、社会学、文化学和叙事研究的理论框架

（一）档案学理论框架

档案学理论框架为本研究的理论基石，它为探讨口述档案与社会记忆之间的联系提供了科学的分析架构。

口述档案，即通过访谈、声音和影像的形式，记录并保存下人们的生活故事、见解和评价。它来源于口述者的内在意识和记忆，它不仅是历史事件的客观叙述，同时包含了口述者对事件的个性化和情绪化解读，丰富了历史研究的视角。通过叙事的形式传递信息，能够生动再现

个人视角下的历史片段，为社会记忆的建构增添了“活”的维度。口述档案的形成过程，存在着口述者与采访者的互动，这种互动不仅影响着档案的内容，也反映了社会互动和文化传播的复杂性，它覆盖了广泛的主题和领域，反映了不同社会成员的声音和视角，为全面理解社会记忆提供了宝贵的资料。

口述档案与其他档案的关系。口述档案与文书档案、照片档案等其他形式的档案既有联系也有区别。它们的共同点是，所有档案都依赖纸张、磁带、光盘等媒介来记录信息并遵循档案工作基本规范，它们是社会记忆的宝贵资料。不同之处在于，口述档案特别强调记录个体主观体验，口述档案不是传统档案的简单补充，而是其重要的组成部分。它与其他类型的档案——如书面档案、物证档案——共同构成了社会记忆的全貌，为研究者提供了从不同角度和维度解读历史的可能。

口述档案的采集、整理和保护。这部分将探究口述档案的采集计划、采集过程、整理工作，旨在提升口述档案质量，确保档案安全。

伦理问题的重要性。在口述档案研究中，伦理问题关系到口述者、采访者、档案工作者、利用者在整个档案生命周期中的权利、义务。我们将从各参与主体的责任方面，探讨在口述档案的采集、整理、保护、利用过程中如何把握伦理原则。

（二）记忆研究理论框架

记忆研究理论框架是本研究的中心，它为探讨口述档案与社会记忆的相互作用提供了一个广阔的分析架构。记忆研究的视角包括以下几个方面：

社会记忆是指人们对共同历史、经验、事物的感知和重构，是人类所特有的。[7]它不仅仅是个人记忆，“也是社会群体对于过去生活和社会的回忆。社会记忆的产生和形成是一种文化构建，是回忆社会史的范畴。社会记忆包含语言传承经验、历史文献、图片、仪式等内容，将人们生产生活中的实践经验、物质和精神财富以某一种信息的方式进行储存和提炼后，在进行一种破译、语言阐述的不断重复过程，总而言之就是记忆主体将记忆对象不断积累、凝聚、升华的过程，随着人们认识思想的提高，社会记忆也在不断更新化”[8]。由此可见，社会记忆是个体或群体共同构建与共享的对往昔事件的认识和评估，它是一种流动的、多元的、存在争议的且意义深远的社会现象。

社会记忆的理论探讨主要围绕以下几点展开：首先，社会记忆的种类与层面，指社会记忆可被划分为个体记忆、群体记忆、公众记忆、文化记忆等多种形式，并且可以根据时间跨度区分为现代记忆、古代记忆、神话记忆等各个层面；其次，社会记忆的生成与演变，即社会记忆是在一定的历史、社会和文化背景中，通过语言、文献、图像、象征、礼仪等各种媒介和载体，由人们主动或被动地进行选择、重构和传递的动态过程，它受权力、利益、情感等诸多因素的影响；最后，社会记忆的功能与价值，强调社会记忆对个体或群体具有身份塑造、关系维系、文化传递等多种作用。

社会记忆与历史、社会记忆与社会文化相互关系。社会记忆与历史、社会记忆与社会文化之间的关系是紧密且复杂的，它们相互作用且各有特色。它们的相互作用体现在：历史为社会记忆提供了根源和背景，社会构成了社会记忆的载体和舞台，文化则是社会记忆的表现和传承；社会记忆能够映射历史的实相或演变，能够反映社会的需求或矛盾，能够继承文化的精髓或创新。而它们的区别在于：历史是对过去事件客观和系统的叙述和阐释，社会是由不同主体构成的复杂多样的实体，文化是由众多符号和规范组成的抽象而内容丰富的体系。社会记忆可能与历史相印证或相矛盾，可能与社会相融合或相排斥，可能与文化相融通或相隔离。

口述档案在社会记忆研究中的作用。口述档案作为社会记忆的一个关键载体，在社会记忆研究中占据着特殊的位置，发挥着重要作用。口述档案在社会记忆研究中有重要地位。一是能够补充其他类型档案在构建社会记忆方面的不足，比如记录那些未留下文字痕迹的历史事件，保存那些被边缘化的个体的声音，正如“口述历史作为一种独特的历史记录方式，其核心和精髓在于它保存了即将消失的‘过去的声音’。它填补了重大历史事件和普通生活经历等没有文字记载的空白，或者至少弥补了其中的不足”[9]。二是能够提供更为丰富的社会记忆资料，例如反映口述者对历史事件的主观体验，呈现口述者在口述过程中的语言、面部表情、身体动作等非言语信息。三是能够促进更多元的社会记忆研究，比如，鼓励不同群体参与到社会记忆的保存中，推动不同学科领域间社会记忆的交流合作。口述档案在社会记忆研究中也有独特作用。一是能够帮助不同群体建立自我身份认同感，例如，通过叙述个人的故事来表达观点，通过分享故事来构建归属感。二是能够帮助不同群体理解个人经历，因为“口述档案直接从人们的内心出发，以一定时期社会发展的多元化文化为背景，以采访的形式设定主题，以特定线索引发人们对过去历史和生活的追忆和回溯”[10]。所以可以通过回顾过去来认识现在，通过面对挑战来寻求情感慰藉。三是能够帮助不同群体参与到社会发展中，例如通过提出见解来推动社会改革进步。

（三）历史学理论框架

作为研究人类社会历史发展的学科，历史学通过对过去事件、人物、社会转型的深入探究，力图重现历史的真实面貌，并探究其深刻影响。在探讨口述档案与社会记忆的关系时，历史学为我们提供了丰富的理论体系和多维的研究视角，有助于我们更深刻地认识二者之间的复杂联系。

历史学专注于历史事件与社会记忆的研究。作为记录不同群体生活故事的一种档案方式，口述档案在解析社会记忆与历史事件相互关系的研究中扮演着重要角色。历史学为研究口述档案保留社会记忆的过程提供了独特视角。通过对口述档案中个人记述的深入分析，我们能够揭示历史事件的多维视角，进而理解不同群体对历史的评价。

历史学注重对历史事件背后的社会文化环境进行深入研究。历史事件并非独立发生，而是在特定的社会文化背景之中展开。口述档案为我们提供了珍贵的个人见证，为研究者带来了关于历史事件社会环境的第一手资料。历史学通过对口述档案所反映的社会记忆的考察，帮助我们深入洞悉历史事件的起因、影响、深远意义。

历史学着眼于对历史事件的诠释。历史事件是过去的客观事实，也是我们通过后来者的解读来重新诠释的。口述档案，以其个人叙述的形式，为历史学研究提供了独特的原始材料，有助于我们了解真实的历史事件。历史学通过对口述档案的深入研究，能够揭示口述者背后的深层含义，对历史事件进行更精准的解读。

口述档案与历史学之间的关系同样是一个值得深入探讨的议题。历史学通过对口述档案的深入研究，拓宽了历史研究的视野和方法，也使得历史学更加注重对个体经验和边缘声音的挖掘和表达，从而丰富了历史研究的内涵和领域。同时，历史学的理论体系和研究视角亦为口述档案的分析提供了坚实的理论支撑和方法指导，有助于我们更全面和深入地理解口述档案与社会记忆的关系。

（四）社会学理论框架

社会学作为探讨社会构造、行为模式和社会变化的科学，旨在深入了解人类在社会环境中的相互作用及其所产生的影响。在口述档案与社会记忆的研究领域内，社会学的理论架构和独到视角有助于我们探索口述档案与社会记忆之间的深层关系和相互作用。

社会学注重研究个体与社会记忆如何在社会中被构建。社会记忆是由社会群体共同构建的记忆与遗忘的综合体，它反映了社会集体中个体记忆与群体记忆的相互作用。口述档案不单是对个体记忆的记录，也是社会记忆的承载者。通过对口述档案的研究，我们能够揭示出社会各群体内的记忆建构模式，深入理解社会记忆是如何通过人们的叙述来延续的。

社会学也重视研究社会记忆的社会化过程。社会记忆通过社会化过程在不同代际间进行传承。社会学提供了研究人们共同构建记忆的研究方法。通过对口述档案的研究，我们可以探查人们在社会化过程中受到的社会记忆的影响，人们可以通过口述的方式参与构建社会记忆。

社会学与口述档案二者相辅相成。社会学中关于社会结构、社会关系、社会化的理论研究方法，为分析口述档案与社会记忆之间的关系提供了理论研究工具，而口述档案的实证研究、个案研究也为社会学的理论发展提供了丰富的素材，拓展了社会学的研究范畴。

（五）文化学理论框架

文化研究致力于探究人类文化的起源、发展，以及人类如何创造和传达意义的多样方式。在口述档案与社会记忆的研究领域，文化研究提供了独特的研究视角，有助于我们深入挖掘口述档案与社会记忆之间的复杂联系。

文化研究侧重研究文化环境如何影响口述者社会记忆的构成。文化环境涵盖了价值观、信仰体系、符号逻辑、意义共识等多个层面。文化研究为我们提供了理解口述档案如何受到文化环境影响的分析视角。通过文化研究的角度，我们能够探讨在不同文化环境背景下，口述档案生成的差异，口述档案是如何借助文化媒介来承载深层意义的。

文化研究关注口述档案与社会文化实践、象征体系之间的相互关系。“文化总是体现为多种多样的符号，人们的语言与行为、使用的工具，甚至是内隐的思想观念都是文化的文本或者符号。从某种程度上讲，文化的创造就是符号的创造。而符号的基本功能在于意义的表征，通过创造和使用符号意在传达某种意义。就此看来，文化即为人们借助各种符号传达意义的行为和过程。”[11]文化研究为我们分析口述档案与社会文化实践、象征体系提供了互动的视角。通过文化研究，我们可以揭示口述档案在社会文化实践中扮演的角色，口述档案通过象征体系来传达特定的文化价值。

文化研究强调口述档案与社会记忆的多元性。社会记忆的形成是一个多样化并不断演进的过程，“在特定的互动框架之内，这些知识驾驭着人们的行为和体验，并需要人们一代一代反复了解和熟练掌握它们”[12]。但不同群体对历史事件的记忆有所不同。在口述档案研究中，文化研究为我们分析口述档案在社会中呈现的多样性提供了研究方法。通过文化研究的深入分析，我们能够全面理解口述档案如何记录不同群体记忆，如何推动社会记忆的形成。

文化研究还关注口述档案与文化认同、文化传承之间的联系。文化认同是人们对特定文化群体和文化场域所形成的归属感，“文化之所以能不间断地连续存在，就是通过文化传承。每一代都从上一代那里承接社会文化的遗产，每个社会民族或群体都通过这种不断的继承形成其文化传统，并在此基础上发展或创造新的文化，再把他们传递给下一代。”[13]由此可见，文化传承是指文化资源在代际传递的过程。文化研究为研究口述档案在文化传承中发挥作用提供了方法。通过文化研究的探讨，我们可以认识口述档案如何反映特定文化的历史记忆，如何与个体的文化认同进行相互影响。

（六）叙事研究理论框架

叙事分析的研究视角在本研究中有一定创新性，它为分析口述档案与社会记忆的相互作用提供了一个鲜活而引人入胜的分析架构。叙事分析的研究视角主要通过以下两个维度来展开。

一是口述档案的叙事手法。作为以故事叙述为主的档案类型，口述档案展现了独特的故事构成和叙事手法。“所谓‘故事构成’，即发掘叙事体不变的深层结构，它试图通过分析叙事体共有的各种要素及其关系，建立一套叙事体的普遍结构模式。”[14]叙事手法则涉及故事讲述的表现技巧，如故事的主题、叙述视角、语调、风格等，比如主题分析作为叙事分析中最常应用的研究方法，可适用于广泛的文本分析，较为直接和具有吸引力，更多强调讲述的内容，关心语言指代的事件和认知。采用叙事分析的技术，可以对口述档案中的故事构成和叙事手法细致地解读，以掌握口述者的“潜台词”。

二是口述档案的叙事功能。口述档案以故事内容为载体，蕴含着深厚的故事意蕴，具备一定的叙事功能。故事意蕴是指口述档案传递了故事的深层含义，揭示了历史真相、社会现状、文化理念等。叙事功能则是指口述档案激发的认识、行动等反应。应用叙事理论的方法，可以对口述档案的叙事功能进行深刻的分析，探索口述档案展现的社会记忆的多元性。

第一章　口述档案概述

一、口述档案的定义、特点和分类

口述档案是一种独特的档案体系，同时也是历史研究中不可或缺的文献资源。口述档案包含哪些元素？它们具有哪些显著特性？口述档案的分类标准是什么？关于这些基础理论问题需要深入分析，为后续研究打好基础。

（一）口述档案的定义

关于口述档案的概念，学术界并没有形成一个普遍接受的定义，不同学者和组织对其有着各自的解读，如“口述档案是为研究利用而对个人进行有计划采访的结果，通常为录音或录音的逐字记录形式”；“口述档案，是指出现文字之前，人们把言传耳闻留下的传说、故事、逸闻等，后人的追记，以及当事者自己或与自己有关的历史，从以大脑为载体形成的记忆转录为文字材料的一种档案”[15]；“口述档案，是指由事件当事人或事件亲闻者口述的，以标准方法采集的各种文字、声像形式的，具有佐证历史价值和研究参考价值的口述史料集合体”[16]。虽然说法各有侧重，但是从广义上看，口述档案是通过口头方式记录并保存的，涉及个人经历、见识、情感、思维、立场等方面的信息记录。这种口头方式包括采访、对话、叙述、回忆、诉说等多种形式，其记录的动机可以是预设的、目标导向的，也可以是偶然发生的、自然流露的；而所记录的信息以文字、音频、视频等多种媒介形式存在，其内容有原始、未经加工的，也有经过编辑、精炼的。

从狭义上看，口述档案是采用专业的口述历史技术采集、编纂的，关于个人经历、见识、情感、思维、立场等方面的信息。这里提到的口述历史技术，是指以口头访谈为主要工具，以历史研究为目标，以保存历史主体的记忆为核心，以提供历史文献资料为成果的研究手段。这类信息记录一般以文字记录或声音记录为主，往往经过一定程度的整理和提炼。

根据不同的研究视角，口述档案的定义也呈现出多样性。例如，从档案学的视角来看，口述档案可以被界定为一种非典型档案，它由非常规手段采集，包含关于个人经历、见闻等信息的记录。从历史学的视角来看，口述档案可以被界定为一种新兴的历史文献，由历史研究者通过口头访谈形式记录并保存个人经历、见闻等方面的信息。从社会学的视角来看，口述档案可以被界定为一种社会文化现象，由社会研究者通过口头方式记录并保存，涉及个人经历、见闻等方面的信息记录。

综合考虑上述各种定义，笔者认为，口述档案是指通过口头方式记录并保存的，具有一定价值，涉及个人或集体经历、见识、情感、思维、立场等方面的信息记录。这个定义既涵盖了口述档案核心的特性，也拓展了口述档案的应用范畴。笔者将以此定义为基础，对口述档案展开进一步的分析研究。

（二）口述档案的特点

口述档案作为一种独特的档案体系，同时也是历史研究中的珍贵资料，其特性可以从以下几个维度进行描述。

口述档案具有较高的主体性。口述档案所记录的历史事件本身就存在着一定的主观性，因为它是由当事人的口述形成的，而不是通过第三方的客观记录得出的。因此，口述档案承载了客观的事实，也蕴含了主观的情感，既揭示了历史的事实性，也折射了历史的意义性。这个主体性使得口述档案能够提供其他档案形式所无法触及的独特信息，也要求在利用口述档案时与其他类型的档案相互印证。

口述档案具有显著的多元性。“档案的记录形式多样，可以是口述史、文学、艺术品、人工制品、人工环境、景观、舞蹈、仪式和礼制等”，“口述档案记录的是社会中每个个体所经历过的、看到过的、听到过的，以及他们的想法、看法和观点”，“每个个体的回忆叙述都是相关联的一组叙述的一部分，都被镶嵌在个人从中获得身份的那些群体的故事中”。[17]由此可见，口述档案由不同的历史参与者或研究者通过多样的口述形式记录而成，涵盖了多样的个体或群体经历、见识、情绪、思考、立场等方面，口述档案跨越了不同的领域、议题、地域等，反映了历史的多种层次、视角、维度。因而，口述档案内容丰富，形式多样，覆盖面广泛，影响深远。这种多元性既是口述档案的优点，也是其面临的挑战。它使得口述档案能够构筑一个更为全面和立体的历史图景，同时也要求对其进行细致的分类和系统的整理。

口述档案具有一定的动态性。“经历岁月的洗礼，一些往事在记忆中消失了，或至少关于这些往事的回忆也会受到后来经历的影响。其实，在某种程度上，口述文献原本记录的‘过去的声音’也变成了‘现在的声音’。”[18]历史见证者在一定的时空条件下通过口述形式记录的信息，随着时间的推移、空间条件的改变而发生变化，同时随着认知过程的变化而变化。因此，口述档案具有可变性，存在不断更新的可能性。这种动态性使得口述档案能够适应历史的变迁，也要求口述档案在保存过程中需要不断更新。

口述档案具有较强的互动性。“口述史，不是口述者的独角戏，而是口述者与研究者的共同参与；不是老同志个人的自传或‘回忆录’，而是有丰富阅历的相关受访者与有严谨史学训练的访谈者之间良性的双向互动。”[19]由此可见，口述档案采集过程往往是历史见证者与采集者之间的互动过程，这种互动在档案的使用过程中同样显现。因此，口述档案具有交流性，还包含了合作必要性。这种互动性促进了历史见证者与采集者之间的沟通协作，同时也要求口述档案在处理历史见证者与采集者之间的分歧时需展现高度的适应性。

（三）口述档案的分类

鉴于口述档案在内容与形式上的丰富多样，我们可以依据一系列的标准与原则对其进行细分。在本研究中，我们主要从口述档案的来源、主题内容、表现形式等维度对其进行了如下分类。

从来源来看，口述档案可区分为官方与非官方两大类。官方口述档案指的是由政府部门或公共机构（如档案馆、图书馆、博物馆等官方机构）依照正规流程收集整理的资料，这些资料涉及人们的经历、目击、感受、思维、见解等方面。相对地，非官方口述档案则由民间组织或个人（如社区团体、学术研究机构、独立研究者）以非规范手段收集整理，这些资料同样包含人们的经历、目击、感受、思维、见解等方面。

从主题内容角度看，口述档案可细分为政治口述档案、经济口述档案、社会口述档案、文化口述档案等。政治口述档案是有关政治事件、人物、体制、思想等方面的信息，例如革命史、战争史等政治历史事件的口述资料，广州市档案发展中心（广州市音像资料馆）的《光荣在党50年》《共产党员风采》等口述档案采集项目形成的口述档案都可以归为这一类。经济口述档案是有关经济行为、发展、体系、理念等方面的信息，如改革开放背景下的经济变迁、工业化进程、市场转型等方面的口述材料，广州市档案发展中心（广州市音像资料馆）的《创行湾区》系列口述档案采集项目形成的口述档案可以归为这一类。社会口述档案关注社会结构、变化、问题、潮流等方面的信息，比如城乡差异、机会平等等社会议题的口述记录。文化口述档案则聚焦文化传承、创新、交流、碰撞等方面的信息，如民间艺术、地域文化、外来文化交融等方面的口述内容。广州市档案发展中心（广州市音像资料馆）采集的广东省非物质文化遗产代表性传承人口述档案就可以归为这一类。

从表现形式来看，口述档案可以分为文字记录型和声像记录型。文字记录型口述档案主要以文字记录的形式存档，例如书面访谈笔录、回忆录、陈述报告等。而声像记录型口述档案则是近些年随着声像技术发展而形成的，以音频、视频形式保存的信息记录。

上述分类仅为本研究的初步框架，实际上，这种分类并非一成不变，还可以根据研究的具体需求和其他标准原则进行更多的细化。例如，可以根据口述档案涉及的时间跨度进行分类，将其划分为近现代史口述档案与现代史口述档案，也可以基于地理区域将其分为中国史与国际史口述档案，还可以根据收集手段的主动性与被动性，将口述档案分为主动收集型与被动收集型等。这些不同的分类方法各有其适用场景和合理性，研究者可以根据具体的研究目标和需求灵活选择和应用。

二、口述档案与其他类型档案的关系

口述档案作为档案学中的一个独特分支，与其他档案类型构建了一种复杂的关系网。在此，我们将从不同的角度探讨并分析这些关系。

（一）口述档案与文书档案的关系

文书档案是指以文字为主要记录方式的资料，如各类文献、报告、日记、书信等。作为保存档案的传统形态，文书档案在历史文献中占据着核心地位。口述档案与文书档案既有相似性，也存在差异性，它们在某些方面呈现出相通之处，而在其他方面则各具特色。一方面，“在社会实践活动中形成的档案与通过事后口述形成的口述档案是一样的，都是历史的记忆。”[20]口述档案与文书档案在记录和保存历史信息的功能和介质上相似，它们同为历史研究的基础材料，同样遵守一定的规范准则。另一方面，二者在内容、形态、出处、价值观念上各有不同。相较于文书档案，口述档案更加生动地体现了历史参与者的主观体验和评价，更为全面地揭示了历史事件的多维度和立体性，提供了文书档案难以触及的信息和视角。同时，口述档案与文书档案在历史研究中既能相互补充和印证，也能相互比较和鉴别。因此，它们之间的关系是动态的、互动的并相互影响，我们在历史研究实践中应当进行全面的运用。

（二）口述档案与声像档案的关系

声像档案是指以图像或声音记录为主的资料，如摄影作品、影像资料、音频记录等。作为新兴档案类型，声像档案在历史文献中扮演着重要且有深远影响的角色。口述档案与声像档案在某些方面存在共通性，二者在历史研究中也存在相互补充、相互印证的关系，尤其是近些年来声像技术的高速发展，口述档案的主要记录载体已经从过去的以文字为主，迅速转向了以音、视频载体为主。因此，口述档案与声像档案之间是一种相互促进、相互影响的关系，我们在历史研究中应当采取综合的处理方式。

（三）口述档案与数字档案的关系

数字档案是指以数字化手段记录或者处理的档案，如电子文档、电子邮件、网络页面等。作为档案类别中最现代化的形态，数字档案在历史文献中展现出广阔的前景。口述档案与数字档案在某些方面表现出共性，而在其他方面则有所区别。但是随着整个社会的数字化转型，随着档案工作的信息化发展，数字档案这种将数字信号转化为模拟信号的保存方式，终将成为口述档案的主要存储方式。

三、口述档案的收集、整理与保护

（一）口述档案的收集

根据国家档案局出台的行业标准《口述史料采集与管理规范》，结合广州市档案馆、广州市档案发展中心（广州市音像资料馆）口述档案采集工作实践，口述档案的采集应按照以下步骤进行。

第一步，制订采集方案。根据采集主题制订口述档案采集计划，这个阶段是口述档案采集中最为关键的一环，它直接关系着口述档案采集的质量。在制订采集方案时，我们主要考虑以下要点。一是明确采集对象。这是指我们期望从中获得信息的历史见证者。在确定对象时，我们需依据研究的问题，筛选那些与研究相关，具有价值、愿意并且能够提供信息的见证者。如在探究抗美援朝战争时，我们会挑选那些参加过抗美援朝战争的人士；在研究历史人物时，我们会选择与该人物有密切联系的人；在针对某一历史主题进行研究时，我们会挑选对该主题有深入了解的人作为对象。在选定对象时，我们还需要考虑对象的年龄、身体状况，以及表达是否清晰，记忆是否明确，有针对性地制订合适的采集方法。二是明确采集手段。在确定方式时，我们要根据对象的特点，选择最适合他们表达的手段。例如，在采集口述档案时，我们可以选择访谈、编写回忆录、撰写陈述报告、组织小组讨论、召开座谈会等多种方式。以广州市档案发展中心（广州市音像资料馆）的口述档案采集实践为例，访谈是接受度最高的口述档案采集方式，因为整个流程控制、采集方向更加明确，也更易于执行。而回忆录、陈述报告都是通过个人叙述来搜集信息的方式，小组讨论、座谈会是通过群体交流来搜集信息的方式，这些方式是口述档案采集的重要补充。在选择手段时，我们还要考虑手段适用的多种因素，比如优势、局限、可执行性等因素。三是明确采集时间。根据实际情况，选择最合适的时段。例如，在采集口述档案时，我们可以选择事件发生后不久、对象人生中的重要时期、对象情绪稳定的时刻等不同时间。在选择时间时，还需要考虑时间的灵活性。因为部分口述者仍然在职，需要灵活调整时间，比如选择周末进行采集。四是明确采集地点。根据对象情况，选择合适的采集环境。例如，广州市档案发展中心（广州市音像资料馆）采集口述档案时，优先选择收录效果较为理想的声像档案制作厅，但是部分口述者因为年龄较大，或者身体状况不佳，也可以选择对象居住地作为采集地点。五是明确采集内容。根据采集主题，应选择事件的经过、原因、影响、结果等方面的内容；人物的经历、见闻、感受、思想、观点等方面的内容；主题的背景、过程、内涵、意义等方面的内容。但是，由于客观条件的制约，应优先保证主线内容的采集任务，做到主次分明。

第二步，预备工作。包括根据之前制订的采集方案，对采集对象进行深入了解、构思提问内容、联系采集对象、准备设备等。准备阶段，我们重点考虑以下四个方面。一是深入了解对象。要对采集对象进行充分了解，建立起良好的合作关系。在了解对象的过程中，我们需掌握对象的基本背景、相关经历、身体状况、心理状态等信息。广州市档案发展中心（广州市音像资料馆）在实践中会填写口述档案基本信息采集表，来保证口述者信息的完整。二是构思提问内容。根据信息内容精心设计问题，对问题进行逻辑排序，层层递进，以确保提问深入探查事件。三是建立联系。与采集对象建立初步联系，协商确定采集口述档案的具体时间、地点、方式等细节，应当充分尊重对象的意愿。四是准备设备。需根据采集方式挑选合适设备，并进行必要的测试。比如广州市档案发展中心（广州市音像资料馆）在采集前会对声像档案制作厅的灯光、摄像机、麦克风进行充分调试，做好设备保障工作。

第三步，开展访谈，这一步骤是基于前期的准备工作。包括提出问题、引导对话、记录信息、确认信息等关键活动。这一步骤是口述档案采集的核心。在这一阶段，我们的工作重点为以下三点。一是提出问题。这一环节要求我们向对象提出事先设计好的问题，以引导他们分享经历、见闻。在提问时，我们应根据预设的逻辑进行，同时注意提问的语气、措辞，把控采集节奏。按照《口述史料采集与管理规范》，应该做到耐心倾听和恰当提问。所谓恰当提问，就是要在不干扰口述者思路的前提下，等一个完整的叙事逻辑结束后再进行提问。二是引导对话。在这一环节，需要对对象的回答进行适当的引导，以确保采集到相关信息。比如，我们既需要拓展采集范围，也需要探查事件细节。在引导对话过程中，我们应关注对话的节奏、方向并适当给予提示。三是记录信息。准确记录信息是为了后续的整理分析。在记录信息时，广州市档案发展中心（广州市音像资料馆）用摄录设备进行录制，而采访者用笔记标注、记录相关信息，其目的是后续追问，确保口述信息的准确性。

第四步，后期处理工作。这个阶段基于之前的访谈，涉及口述信息的整理分析和归档等多个环节。在后期处理工作时，需要考虑以下几个方面。一是信息整理。我们要对搜集到的信息进行准确的转录校对，方便以后处理分析。这个过程应尽可能地保留声音或图像信息的原貌，确保信息的完整性。比如广州市档案发展中心（广州市音像资料馆）对采集的口述声像档案进行剪辑，在充分保留原始信息的基础上，通过多机位切换来保证图像的稳定可用。二是信息分析。基于口述档案的内容、形式、来源、价值等因素，应实施科学的分类编目。比如《光荣在党50

年》系列、《共产党员风采》系列、《政协记忆》系列、《创行湾区》系列。三是信息归档。这一环节涉及将整理好的信息进行存储备份，以保障信息的长期保存。在归档时，我们应选择合适的存储媒介，比如采用蓝光盘、移动硬盘，同时移动硬盘要存储两份。

（二）口述档案的整理

1. 口述档案遵循的原则

一是尊重原始性。在整理档案过程中，应当尽量保持被采访者的原始声音、表达方式，避免不必要的修改，确保口述档案的原真性，尊重口述者。

二是明确主旨。在整理工作中，应当突出口述档案的主旨，排除无关材料，增强档案的针对性，方便利用者快速找到所需信息，这也是口述声像档案剪辑的意义所在。

三是遵守规范。在整理口述档案时，我们应当遵从一定的规范标准，避免违反既定规则。这既有助于维护档案的规范性，也可提高档案共享度。可以参考国家档案局出台的行业标准《口述史料采集与管理规范》，另外也可以参考国际口述历史协会的指南，包括统一格式、注明来源、添加索引等一系列关于口述档案整理的规范。

2. 口述档案的处理步骤

第一步，将口述档案的录音录像转化为文字，并对这些文字资料进行校对。这里需要关注几个问题。一是技术手段。转录可以采用手动转录、自动化转录、半自动化转录等多种手段。传统的手动转录通过人工听写来实现，准确性高，但效率太低，劳动强度大。借助计算机设备的自动化转录，速度快，操作便捷，但准确率低。半自动化转录则结合了人工和机器的优点，通过技术辅助实现更高效转录。结合广州市档案发展中心（广州市音像资料馆）的口述档案文字转录实践，我们发现，目前市面流行的视频编辑软件，如剪映，在处理普通话采访中准确率较高，而涉及大量方言的采访，如粤语，工作人员普遍反映准确率较低，会出现大量错误信息。因此，以目前的技术手段来看，人工与机器协作转录的方式，依然是文字转录的主要方式。二是内容选择。我们可以选择转录全部内容、部分内容或重点内容。转录全部内容的优点是信息完整，缺点是文本过长，处理过程烦琐。转录部分内容则可以使文本更加简洁，但会损失信息的完整度。而转录重点内容则是突出主题，但会忽略一些细节信息。因此，结合人力成本，选择什么样的内容主要根据需求进行选择。三是格式规范。标准化格式是按照一定标准调整信息，以提高文本的规范性，这主要是因为口语表达与书面表达存在显著差异，口语表达往往难以达到书面表达所具有的逻辑性，会出现大量重复、无用信息。因此，要按照特定的规范要求进行调整，确保文本的价值，还要注意保持信息的原始特征。四是校对的实施方法。可以选择自我校对、互相校对、专业校对等方法。先由转录者本人对文本进行检查，再由不同的转录者相互检查文本。这种方式可以相互补充，提高文本质量。对于专业问题，可以由专业人员进行文本检查，提高口述档案的专业性。

第二步，分类编目工作，即将已整理的文字信息依据某种系统性的方法适当地归类、标注。目的是简化口述档案的检索、利用以及管理流程。应根据具体需求和既定标准灵活选择分类编目的具体方法。例如，可以依据时间、地点、主题、人物、事件等因素进行分类。目前广州市档案发展中心（广州市音像资料馆）主要根据采集主题分为多个系列，比如《我和档案馆的故事》《知青岁月》《名人档案》等，然后根据国家档案局出台的行业标准《录音录像档案管理规范》进行著录。之所以按照《录音录像档案管理规范》，而非《口述史料采集与管理规范》，是因为《口述史料采集与管理规范》对于分类编目未做具体要求，而广州市档案发展中心（广州市音像资料馆）采集的口述档案主要以声像介质为载体，《录音录像档案管理规范》对于档案的分类编目做了更加明确的要求。我们同样可以参考国际标准化组织或国际档案理事会等权威机构的规则进行编目。分类编目的成果应当体现在口述档案的元数据中，元数据是对档案的内容、来源、形式、质量等关键信息进行描述和标识的重要数据。元数据的形式多样，可以是文本、图像、音频、视频等，同时也可以采用结构化表现形式，例如使用XML或JSON等文件格式。接下来是建立元数据。元数据的构建和维护是口述档案整理中的关键环节，它能够显著提升档案的可读性、可视性、可用性。分类编目的方法应当根据口述档案的特性来决定，不同类型的口述档案需要采用不同的分类编目策略。比如，对于个人经历的口述档案，更适合使用叙事分析法；对于描述社会事件的口述档案，则更适合采用时间序列法。在分类编目过程中，应充分利用现代技术手段，以提升工作效率。

第三步，提炼工作，对已整理好的文字信息进行高度概括总结，使口述档案更加简洁，使利用者能够迅速了解档案的主要内容。在实际工作中，提炼的方法主要还是基于关键词等因素来进行。提炼成果应当反映在口述档案的标题、摘要、关键词等部分。目前，广州市档案发展中心（广州市音像资料馆）提炼工作主要体现在口述档案基本信息采集表。在提炼过程中，应充分利用现有技术手段，以提高工作效率。例如，可以同样利用口述者反馈对提炼效果进行修订，也可以根据最新的信息资料对提炼成果进行补充。

第四步，注释，对已整理的文字信息添加必要的注释，目的是提升口述档案的可靠性，也是对原始信息所有者的尊重。注释的具体实现方式应根据不同的学科领域来决定，例如，可以按照历史学、社会学、文学等学科的学术规范来进行。注释的成果应清晰体现在口述档案的正文或附录中，包括对档案中特定信息的详细解释、补充、评价、对比。比如，当采集者发现口述信息与所掌握的文书档案所记录的史实不一致时，可以将文书档案所录史实作为考证说明材料。这样可以极大地提升档案的参考价值。注释方法应依据口述档案的载体来选择。对于文本格式的口述档案进行注释，或者对录音录像档案的文字转录材料进行注释，应使用脚注或尾注等注释方法。注释应充分利用现有文献资源，可以参照其他相关文献进行引证，以确保内容质量。

3. 在整理口述档案时需注意的问题

首先，要注意转录工作的准确性，以确保所转录的录音录像信息尽可能地真实完整，尊重原始性。

其次，注意分类工作的科学性。这需要根据口述档案的内容、形式、来源、价值等多个维度进行合理分类，以便于利用者迅速找到他们需要的信息。

再次，在提炼工作中抓住重点。在提炼文字信息时，既要追求简洁，又不能失去精确度，要抓住口述档案的重点，让读者能够快速掌握口述档案的主旨。例如，为每一份访谈记录配备简明精确的标题、摘要、关键词。

最后，注意注释工作的规范性。可以按照历史学、社会学、文学等不同的学术规范进行注释。

（三）口述档案的保护

口述档案的保护工作是确保历史信息长期保存的关键环节。保护实践中，我们必须遵循既定的原则和步骤，同时注意一系列问题的处理技巧。

按照《口述史料采集与管理规范》，首先，必须尊重口述者的意愿，应充分尊重口述者对自己所提供信息的意见，这要求我们与他们进行深入沟通，获得他们的同意并遵守约定。在广州市档案发展中心（广州市音像资料馆）的采集实践中，我们与口述者签订了《口述档案采集协议书》，以法规协议的方式明确了双方的权利和义务。其次，必须保证口述档案的安全。在保护口述档案的过程中，需要采取有效措施防止口述档案受到主、客观因素的影响。因此，建议采用无纸化的方式降低安全隐患。最后，应该在合法合规条件下利用口述档案。我们要最大程度发挥口述档案的价值，合规开放共享内容，扩大社会影响力。但是这个过程要注意两个问题：一是确保口述档案利用符合法律规定，符合国家和社会稳定的要求；二是要根据《口述档案采集协议书》对利用人员作出限制，利用目的限制为公益用途，利用范围也应与口述者协商确定。

存储备份是口述档案保护的基本方法，需要考虑三个方面。一是媒介选择。纸质媒介稳定性强，但会占用较多的物理空间。电子媒介存储方便快捷，但不够稳定，并且数据可能会丢失。光盘媒介虽然有较大的存储容量、较长的使用寿命，但它需要特定设备来读取。云端媒介是灵活的存储选项，但它依赖网络，面临数据泄露的风险。目前，在广州市档案发展中心（广州市音像资料馆）的采集实践中，比较推荐的方式是移动硬盘存储，通过定期转录的方式可以最大程度延长寿命。二是方式选择。存储方式包括原始存储、压缩存储。其中，原始存储为最优选择。三是方法选择。备份方法包括本地备份、远程备份、多重备份。

四、口述档案的伦理问题与伦理考量

在口述档案的收集、整理和应用过程中，必然会触及一系列伦理问题，例如，口述者的权益、口述档案的真实性、档案的保密与开放的矛盾等。这些伦理方面的问题既涉及档案本身价值，也牵涉口述者的权益。

（一）口述者的权利和义务

口述者作为口述档案的信息提供者，对自己的经历拥有完整的“所有权”。在口述档案采集中，口述者应当享有以下权利。

一是知情权。在采访前，采集者要与口述者充分沟通，让口述者了解采访目的和内容。知情权是对口述者的一种保障，防止口述者因讨论国家秘密、个人隐私等敏感话题而面临不必要的风险。

二是同意权。采访前，口述者应签署一份书面协议，明确访谈录音录像的使用范围、保存期限、开放条件等，并且保留修改协议书的权利，确保他们能够对自己的口述内容进行控制。在广州市档案发展中心

（广州市音像资料馆）口述档案采集实践中，规定采集者与口述者签订《口述档案采集协议书》，明确了口述档案的利用者、利用目的、利用范围、利用条件。

三是隐私权。在访谈过程中，采集者应当尊重口述者的个人隐私，不应迫使、诱导他们透露不愿意分享的信息，口述者有权要求删除一些敏感或是涉及个人隐私的内容。隐私权也是一种保障，可以防止引发法律纠纷。

四是口述者的著作权利。在访谈完成后，应该保护口述者对于其叙述内容的著作权，不得私自修改原始音频、视频，并且应当给予口述者参与审阅其文字稿件和编辑版本的机会。如在出版《广东省非物质文化遗产传承人口述档案集萃》一书前，会请口述者校对、核准档案汇编中的内容，目的是保护其叙述内容的原创性，避免内容被篡改。著作权的保护也是为了防止口述者的叙述内容被修改。

与此同时，口述者也应当承担一些义务。

一是诚实。这要求口述者在访谈中尽可能真实地表达自己的经历，并在需要时提供支持性的证据材料。在广州市档案发展中心（广州市音像资料馆）口述档案采集实践中，对于《知青岁月》采集项目，口述者都会提供知青下乡过程中拍摄的老照片，以佐证事件的真实性。诚实是确保口述档案价值的基础，可以提升其历史的可靠性，促进社会记忆的多样性。

二是合作。这要求口述者在访谈中积极配合访谈者，并适时提出自己的观点。口述档案具有弥补历史断层的作用，然而，由于篇幅所限，采访提纲无法涵盖所有口述者掌握的重要信息，采集者也因为信息差难以探寻关键信息。因此，口述者积极合作可提升口述档案质量。

三是责任。口述者对自己的叙述内容承担相应的责任，并在必要时对内容进行更正。口述档案也是档案，具有档案的凭证作用。只有口述内容是真实准确的，才能发挥档案的作用。

（二）口述档案的真实性

口述档案作为一种依托于口述者个人记忆构建起来的档案形式，由于回忆者条件的差别，有些口述史料难免不实。在口述档案的采集、整理、利用过程中，我们可能会遇到影响其真实性的多种因素[21]。

首先，记忆会发生扭曲。随着时间的流逝、环境的变化、情绪的波动，口述者可能会忘记、混淆某些事件的细节。此外，受个人世界观、人生观、价值观等的影响，口述者可能会有意无意地对事件进行曲解。这些情况可能会影响档案的真实性。为了尽量减少或消除这种记忆的扭曲，我们应当采取如下策略：一是力求采访更多相关的口述者，并对他们的叙述内容进行交叉比较与深入分析，以校正记忆中的扭曲、误差；二是积极利用各种资料来核实、补充口述者的叙述，例如书面文档、照片、视频、实物等，这有助于提升口述档案的可靠性；三是保持对口述者的中立立场，避免对他们进行评判或施加压力，从而防止他们的叙述受到主观因素的干扰。

其次，访谈过程中存在一定干扰，因为采集者的专业素养、态度、提问技巧等差异可能会在不同程度上影响口述者。提问的方式会左右口述者的表述，而采集者的反馈会影响口述者的态度。为了尽量减少这种干扰，要求采集者：一是遵循口述者的回忆和叙述逻辑，尽量减少对其干扰，保持叙述的自然流畅，待一个完整的叙述结束后再追问确认；二是采用开放的提问方法，给予口述者充足选择空间来表述，因为封闭的提问方法往往会限制他们的叙述内容；三是对口述者保持同理心，适时给予他们正面的反馈，提高他们叙述的积极性。

再次，录音录像的处理问题。由于技术条件、编辑人员的主观判断、出版的具体需求等因素，口述者的原始录音录像可能会经历不同程度的编辑，包括删减、修改、剪辑等操作。这些处理方式可能会改变口述者的初始意图。这种情况可能会使得口述档案的内容与口述者的原始陈述不一致，影响其原始性。为了降低录音录像编辑的影响，我们一是尽量保留口述者的原始录音录像，并在编辑时明确标注理由，以便于追溯。二是在可能的情况下，征询口述者对其陈述内容编辑的意见，并在必要时请他们把关，以确保内容的准确性。在广州市档案发展中心（广州市音像资料馆）口述档案编辑实践中，采集者邮寄编辑版本给口述者，请口述者核实编辑版本，如有不同意见反馈，则会修改编辑版本，真实反映口述者口述意图。三是尽量避免对口述者陈述内容进行不必要的处理，特别是不能更改关键信息，要维护其原创性。

最后，利用目的的差异。由于利用目的等因素的不同，可能会对口述档案进行选择性的解释，这些行为可能会违背口述者的意图，而与利用者的观点一致，降低档案的客观性。为了尽量减少利用目的差异所带来的影响，一是要在可能的情况下，征得口述者对其口述内容的使用意见，并在使用时明确标注其来源，以保护他们的权益；二是在支持自己的观点时，应当尽量使用多个口述档案，并在必要时进行比较分析，提高其公正性；三是保持对口述档案的批判性态度，指出其局限性，以避免对其片面解读。

（三）口述档案的公开与利用

口述档案作为一种珍贵的历史和社会资产，能够为历史学术研究提供独特的视角和资料，也能为社会记忆增添丰富且生动的维度。然而，在这些档案的开放和利用过程中，必须考虑到一系列重要因素。

第一，开放条件。在开放口述档案之前，需要依据口述者和采集者双方签订的《口述档案采集协议书》，明确规定档案的开放范围、时间限制及方式，并进行开放审核，以确保不会泄露国家秘密或危害国家安全和社会稳定。一方面，是为了保证口述档案的开放合规，捍卫国家利益；另一方面，是为了保护口述者、使用者，避免他们承担法律风险。为了明确开放条件，要注意以下情况。一是要与口述者进行充分的交流协商，并在协议书中明确其开放的具体条款。二是按照相关法律法规和行业标准进行审核。2024年3月1日开始施行的《中华人民共和国档案法实施条例》，规定了建立档案开放审核工作协调机制，其开放审核主要责任在国家档案馆、档案移交单位、档案形成单位、档案形成单位的主管单位，因此，口述档案的形成过程中，国家档案馆、口述者、口述档案的移交单位理应成为开放审核责任的承担者。三是在开放口述档案时，清晰标注档案的来源、口述者、日期等信息，并在必要时附上适当说明。

第二，利用效果。在使用口述档案之前，应根据研究目的来筛选档案，在必要时对其进行补充，利用后还需评估其研究价值，以提升使用质量。设定清晰的利用预期成效，也是确保口述档案质量的关键，比如提升其在历史研究中的可靠性和文学作品中的可读性，以及促进社会记忆的互动。为了实现这些利用效果，一是要明确自己的研究目的，选择合适的口述档案比较分析；二是利用多样的证据资料来验证口述档案的内容；三是在使用口述档案后，评估其价值，在必要时还要对口述档案的管理进行优化。

第三，伦理责任问题。在口述档案的开放利用中，我们必须遵守一系列的伦理准则。一是积极遵循国际口述历史协会等机构制定的口述历史伦理准则，确保工作符合伦理要求。二是保持对口述档案的客观性态度，适时指出其不足，必要时进行补充说明。三是充分保护口述者权益，必要时征求他们的意见。

第二章　社会记忆概述

一、社会记忆的概念、理论和研究方法

社会记忆是一个跨学科、多领域的研究主题，它是人类理解自我和世界的重要手段，也是推动人类社会和文明的关键动力。本研究将从多个角度对社会记忆的概念、理论和研究方法进行阐述和探讨。

（一）社会记忆的概念

社会记忆的概念不是一个静态不变的，而是随着学科发展、研究领域、时代背景等的演变而不断发展的。社会记忆可以从以下几个维度来理解。

社会记忆是群体共同的历史见证，不是孤立的，而是众多个体通过协作共同建构并传承的宝贵记忆，是社会群体对过去的回忆。这种共享的记忆体现为群体对过去事件的一致认同、评判，也体现为对未来的憧憬、期许。比如，我们共同回顾、纪念和庆祝的抗日战争的胜利、国庆、改革开放的历程，这些重要的历史篇章共同构成我国的社会记忆。

社会记忆同样是一种文化记忆，是代际传播信息的手段，它需要一定的文化载体，如历史文献、图片资料、纪念仪式等，这些都是文化传承的重要媒介。所以，它不是自发地出现，而是在文化的影响下，如语言的运用、符号的解读、价值观的内化等因素的作用下逐渐形成的。这种记忆通过群体特有的文化表达形式，如国旗、国歌、纪念日等符号，

来传递、共享对历史的记忆，同时通过教育、媒体、艺术等文化手段来选择、重构历史记忆。比如，美国人运用各种文化符号来传承对独立战争、内战、两次世界大战等历史事件的记忆，并通过教育系统、媒体报道、艺术创作等多样化渠道来筛选、重塑对这些事件的记忆。再如，泰国东北地区的火箭节的起源、发展、演变、形塑，就体现了社会记忆在文化重构过程中的重要作用。

社会记忆体现了历史的动态性，它随着时间的推移、社会的发展而不断变化。这种记忆的动态变化体现在群体在经历不同历史时期、处于不同社会背景时对历史事件持有的多元理解，在面临新的社会需求时对过去的多样选择。

社会记忆是一个不断演化的过程，是在与多重因素的互动中不断重构的。这种动态的记忆在社会的交流中不断演变，同样在环境的适应中不断地发展成熟。

社会记忆具有多样性。这种记忆的多样性体现在一个群体社会内部存在不同的记忆，也体现在一个群体社会外部拥有不同的记忆文化，不同文明对过去的记忆有各自的独特性。

（二）社会记忆的理论

社会记忆的理论为我们提供了对社会记忆进行系统分析的工具。这些理论并不是固定不变的，而是不断发展的。我们可以根据多个不同的维度对社会记忆的理论进行更加细致的分类。

1. 心理学领域中的社会记忆理论

它重点研究个体在社会环境中如何形成与自身相关的信息，这些信息如何影响人们的认知和行为。心理学领域的社会记忆理论主要分为以下几类。

（1）认知心理学中的社会记忆理论。它聚焦于个体如何运用与自身、他人、群体、事件相关的信息来进行分类、推理、判断、决策等认知活动，以及这些信息如何影响个体的认知结论。其中，模式理论认为，在社会环境中获取的信息会在个体心中整合形成一种模式。这种模式，是对一系列事物的概括性表征，会对个体接收新信息编码、记忆、提取、应用产生影响，并进一步塑造认知的最终成果。脚本理论认为，个体在社会环境中所获得的信息，会被塑造成一系列脚本，这些脚本为特定情境下的行为提供了一种规范化的表征，进而影响个体对新信息的处理模式，从而塑造认知结果。原型理论认为，个体在社会环境中获取的信息，会被构建成原型。这些原型作为某一类概念的典型，对个体处理新信息的方式产生影响，从而决定认知结果。

（2）社会心理学中的社会记忆理论。它专注于探讨个体在社会互动中如何形成与自己、他人、事件相关的信息，以及这些信息如何塑造个体的自我认知。其中，较为重要的一个分支理论是自我验证理论，该理论认为，个体在社会互动中获取的信息会被用来加固自身现有观念，包括对个人特质、能力、价值的认知，这一自我验证的过程会对个体处理新信息的方式产生影响，进而塑造自我认知的结果。另一个理论是归属理论，认为个体在社会互动中获取的信息会被用来建立与群体之间的认同感，这一认同过程会对个体处理新信息的方式产生影响，从而塑造社交结果。还有一个是情绪与动机理论，认为个体在社会互动中获取的信息会被用来满足各种动机，这会对个体处理新信息方式产生影响，从而塑造动机结果。

2. 社会学领域中的社会记忆理论

社会学领域中的社会记忆理论关注的是群体如何在社会结构的框架中创造、保存、回忆、运用与自己或他人、群体、事件相关的信息或知识，以及这些信息或知识如何影响群体的结构、功能和演化等。由法国社会学家莫里斯·哈布瓦赫于1925年首次提出的社会记忆理论是社会记忆理论中最具影响力的理论。社会记忆理论强调，社会记忆是群体共同构建的记忆，它通过传统、仪式、纪念物等形式得以传承，体现了群体的身份、价值观、历史，也塑造了群体的行为。社会框架理论则是对社会记忆理论的发展，由美国社会学家大卫·斯诺登于1981年提出，他认为社会框架是群体共同构建的对信息的解释体系，这一体系通过语言、符号、传媒等手段传播，它影响了人们对信息的编码、记忆、提取、应用，也影响了他们的认知、情感、行为模式。还有社会建构理论，社会建构理论是对社会框架理论的进一步批判和发展，由法国社会学家皮埃尔·布尔迪厄在1984年提出，他认为社会建构是群体在特定的历史文化背景下，通过权力、利益、冲突等因素对信息进行选择、重组的过程。这个过程不断地产生、重塑社会记忆，也不断地重塑社会现实。

3. 文化学领域中的社会记忆理论

在文化学的领域中，社会记忆理论专注于文化如何在不同的时空背景下形成、保留、利用与自身、他人、事件等相关的信息，同时探索这些信息如何影响文化特性、演变、传播。文化学视角下的社会记忆理论涵盖了多个分支。文化记忆理论作为社会记忆理论的一种扩展，由德国学者扬·阿斯曼于1988年首次提出，之后得到了其他学者的进一步完善。扬·阿斯曼提出，文化记忆是通过一系列象征性的行为、仪式、纪念物等手段在文化共同体中传递的记忆，它反映了文化的身份、价值观和历史，而且对文化的演变、传承、创新起到了关键的塑造作用。而美国学者詹姆斯·沃尔克·奥利克于1998年提出的交流记忆理论丰富了文化记忆理论的研究视角。詹姆斯认为，交流记忆是在不同的时空背景下，通过对话、叙事、媒介等交流活动所形成的记忆。它揭示了文化在不同情境下的多样性、变动性，同时也强调了文化的共识性、连续性的建构。2004年，美国学者安德鲁·霍斯金斯提出的媒介记忆理论，探究了文化是如何通过不同的传播媒介形成和传递记忆的，它着重考察了传播媒介在塑造、重构记忆方面的作用，还有这些记忆如何影响文化的认知模式和行为模式。

（三）社会记忆的研究方法

社会记忆的研究方法涉及分析社会记忆的一系列具体的技术程序。这些研究方法并不是一成不变的，而是根据不同的学科领域、研究问题、目标所需进行灵活的调整。我们可以从多个角度对社会记忆的研究方法进行分类，其中定性研究方法通过对社会记忆的主体、对象、内容、形式进行深入的观察、描述、分析、阐释，揭示社会记忆的内在含义、特征、运作机制。比如：历史研究方法，通过系统的研究，探索社会记忆在不同历史环境中的形成、演变，揭示社会记忆与历史发展的相互作用；文本研究方法通过细致深入的解读评价，研究社会记忆在不同文本形式中的表现，揭示社会记忆与文本创作之间的影响；访谈研究方法通过有计划的对话交流，从社会记忆的参与者、见证者处获取第一手资料，并对这些资料进行整理分析，以揭示社会记忆与个体之间的相互关系。而在定量研究的范畴内，研究者采用精确客观的手段来量化社会记忆的各个维度，如数量、程度、频率等，通过数据分析揭示其背后的规律。定量研究的主要方法包括实验研究方法、调查研究方法、模型研究方法、混合研究方法。实验研究方法，即在控制条件下人为地调整变量，以便观察社会记忆在不同条件下的表现，进而通过比较来探究社会记忆与其他因素之间的因果关系；调查研究方法通过系统性地收集数据，来研究社会记忆在不同群体中的分布特点，从而揭示社会记忆与其他变量之间的相关性；模型研究方法通过对社会记忆的结构、功能进行抽象化表示，来评估社会记忆的本质和运作机制；混合研究方法融合了定性研究的深度洞察与定量研究的广泛数据，旨在对社会记忆这一复杂现象进行全方位和立体化理解。

混合研究的主要手段有：

比较研究方法。通过跨时间、跨地域、跨文化和社会群体的对照分析，以便探究社会记忆的多样性和演变过程，以及探讨那些塑造和影响社会记忆的关键因素和环境条件。

案例研究方法。专注于对某一具体事件的社会记忆进行深入研究，以揭示其特殊性，包括社会记忆与其环境之间的内在联系、相互作用。

评价研究方法。通过分析社会记忆在既定标准下的价值，以此来评估其效果，并在此基础上提出改善建议。社会记忆与历史、社会之间是密不可分的。社会记忆既是这些要素的产物，也同时对它们产生深远的影响。

二、社会记忆与历史、社会和文化的关系

（一）社会记忆与历史的关系

“社会记忆的内容与历史意识紧密相连，也就是有什么样的历史意识，就会主导人们记忆什么样的过去。人们通过实践和表述社会记忆呈现他们的历史意识，历史意识影响他们的社会记忆方式。因此，必须要把社会记忆和历史意识联系起来进行研究。此外，要把相关的社会记忆还原到具体的历史脉络中，才能对不同版本的社会记忆给予合理的解释。”[22]因此，社会记忆与历史的相互关系涵盖了社会记忆如何基于选择性的视角对历史进行重构，以及历史事件如何影响社会记忆的形成。这种动态的互动关系可以从多个不同的视角来进行分析理解。

1. 社会记忆是一种对历史的再现

社会记忆作为历史的再现，体现了人们对历史事件的认知。这种再现并不总是客观的，因为它会受到多种因素的影响。对这种再现的分析可以从以下几个角度进行探索。

首先，社会记忆作为历史的主观再现，从个体的视角来诠释历史，映射出个体对历史的评判。因为受到认知能力的制约，这种主观再现与事实可能存在偏差。

其次，社会记忆是历史的情感再现，体现了个体对历史的情感共鸣。情感作为客观现实和表达现实的中介范畴，表明情感就是社会记忆的典型形式，是高度认同的社会记忆，它体现了广大社会群体乃至整个族群共同的价值选择和意义追求，显示了强大的凝聚和黏合功能。因

为受到情感的影响，这种历史情感再现往往与客观事实不完全一致。

再次，社会记忆是历史的价值再现，它根据人们的价值观来表达历史，体现了对历史的价值判断。“集体记忆作为记录人们共同生活的文化方式，一方面为群体成员提供了身心上的归属感，另一方面能够通过认同的方式使蕴含于其中的价值观得以在群体间传递，并使得相应的价值观内化为人们的行为指导。”[23]因为受到价值观念的影响，社会记忆的价值再现往往带有价值判断因素。

总的来说，社会记忆对历史的再现映射了人们对历史的理解，带有鲜明的主观性、情感性、价值性特征。这种再现受多种因素影响，呈现出选择性、偏见甚至扭曲，因为它会受到认知能力、情感倾向、价值取向等诸多因素的影响。社会记忆的这种特征既有其存在的合理性，也存在一定的局限性。因此，在探究社会记忆与历史的关系时，我们应当既认识到个体对历史的再现，也需要进行批判性分析，这样才能更加深入地把握我们与历史之间的复杂纽带。

2. 社会记忆是一种对历史的解释

社会记忆在解读历史方面扮演了重要角色，它为了解往昔提供了解释框架，反映出人们的历史观点。记忆经常会变成另一类强加给过去的分析范畴，因此，这种解释并不是不容置疑的，而是表现了多元性，因为它与个体的利益、伦理观念、立场等因素紧密相连。我们可以从不同的层面展开探索，以理解这种历史解释的深层含义。

首先，社会记忆是对历史的主观解释。基于个体需求的历史解读，体现了他们对历史的个人诉求。受到生存、权力、地位等因素的影响，这种解释可能与事实并不完全吻合。

其次，社会记忆是历史的道德解释。基于个体内化的道德标准，反映了个体对历史的伦理性评价。历史记忆与道德记忆的关系是部分与整体的关系，道德记忆作为历史记忆的一个重要组成部分，主要是关于人类道德生活史的记忆。这进一步说明，社会记忆在道德解释方面的重要性，它不仅仅是对过去的记录，还包括了对过去的道德评价和解释。受公平正义等道德观念的影响，这种道德化的解释与事实真相可能并不完全吻合。

最后，社会记忆是对历史的政治性解释。社会记忆还可以被视为历史的政治性解读，但这种解读是基于个体政治立场来进行的。一定的社会记忆是一定的阶级利益在观念或理论上的反映。它体现了人们对历史的政治态度，由于立场问题使得社会记忆与客观事实不符。

总的来说，社会记忆为我们提供了对历史的多元化解释，这些解释揭示了人们的历史观点，这些多元解释受多种因素影响。在研究社会记忆与历史的关系时，我们需要尊重这些多样化的历史解释，也要进行批判性审视，更加全面地理解我们与历史之间的复杂关系。

3. 社会记忆是一种对历史的重塑

社会记忆是对历史的一种重塑，它是社会的集体记忆，是社会成员对过去的理解，是社会成员之间的交流互动，是社会成员对过去的反思与建构。“社会记忆既是还原的，也是再造的；于历史而言，社会记忆是被生产的，同时也是绵延的传统；于当下而言，社会记忆既是被型塑，同时也在建构社会。”[24]社会记忆可以被理解为历史的一种重新创作，体现了人们对过往事件的改编。这样的再创作过程，并非总是建立在空想之上，反而常常是在一定事实基础上进行的，这是因为其受人们的知识水平等多种因素的影响。

总之，社会记忆代表了一种对历史的创造性重塑，折射出群体的多样化特征。这种重塑过程并非完全是虚构的，它有时依靠现有知识的基础，表现出其创造性，因为它受参与者的知识结构、艺术表达技巧、文化遗产等因素的影响。因此，在分析社会记忆与历史的相互作用时，我们应当进行批判性反思。

4. 社会记忆是一种由历史影响的现象

社会记忆受历史进程影响，展现了群体是如何在历史背景下的适应方式。由于参与者主观能动性的作用，这种影响带有一定的随机性和选择性。

首先，社会记忆由历史所决定，人们与历史是紧密联系的。受时间推移、地理位置等历史事实的约束，其确定性是一种不可逃避的客观现实。

其次，社会记忆受历史环境影响，受历史背景的制约，反映了人们是如何在历史大背景中进行适应的。受文化背景、社会结构等历史环境的影响，所以这种制约性的作用具有相对性，它可能会被规避掉。

再次，社会记忆会有选择地响应历史，人们基于自己的意图，选择性地接受历史事实。受到人们的意愿等因素的影响，这种选择性是主观的，并且有可能成功。

总之，社会记忆是一种与历史紧密相连的现象，它反映了人们对历史的多维度认知，揭示了历史事实存在多样性的可能性。探讨社会记忆与历史之间的联系牵涉人们如何解读过去，如何基于理解来规划未来。需要从多维度出发，进行深入研究才能更全面地理解我们与过去、现在、未来之间的联系。

（二）社会记忆与社会的关系

社会记忆与社会之间的关系涉及社会记忆如何在社会各种结构、职能、变迁中被塑造、展现和发挥作用，社会如何对这些记忆进行整合、监督、利用。对于社会记忆与社会之间的相互作用，我们可以从以下几个层面进行理解。

1. 社会记忆由社会结构决定

记忆的再现受制于社会中的各种关系，个体记忆受制于特定群体结构。这种社会框架或结构设定了记忆的边界和可能性，从而决定了哪些记忆可能被保存和传承，哪些则可能被遗忘。社会记忆作为社会结构的产物，是由社会中不同群体、阶层、角色之间的互动所塑造的。这一由社会结构所决定的作用，我们可以从以下几个方面进行讨论。

首先，社会记忆是社会分工的产物，它是由社会不同专业领域的成员所创造的。每个专业领域拥有其特有的历史、知识、技能，这些知识技能孕育出独特的社会记忆。比如广州市档案发展中心（广州市音像资料馆）长期拍摄的广东省非物质文化遗产广东箫笛制作技艺、象牙雕刻技艺、广彩瓷烧制技艺都蕴含了传统技艺的独特知识技能，留存了广东非物质文化的社会记忆。

其次，社会记忆也受到社会分层的影响，它是由具有不同社会地位的人们所持有的产物。邱家效在《社会变迁与社会记忆——一项关于邱村家族冲突的集体记忆研究》一文指出“不同的权力位置会产生不同的记忆。”“社会记忆的内容与历史意识紧密相连，也就是有什么样的历史意识，就会主导人们记忆什么样的过去。因此，社会阶层的成员会根据他们的历史意识来选择和构建他们的社会记忆，也是社会记忆受到社会分层影响的一个重要途径。”[25]因此，不同社会地位的人对同一历史事件有不同感受与看法，从而形成了不同的社会记忆。

最后，社会记忆同样受到社会身份的限制。这些记忆反映了个体的社会归属感。有研究表明，教育水平会影响个体对某些历史事件的记忆和理解。具体而言，受教育水平较高的群体可能更容易接触到关于特定历史事件的详细记录和分析，从而对这些事件有更深入的记忆和理解。“社会记忆是人们在生产实践和社会生活中所创造的一切物质财富和精神财富以信息的方式加以编码、储存和重新提取的过程的总和。”[26]这些记忆中的物质财富和精神财富，往往是某个社会群体特有的，与社会身份有着直接的关联，不同的社会身份可能基于自己的历史传统形成了各自独特的社会记忆。

总而言之，社会记忆是社会结构的一个反映，它反映了群体与历史的依附、适应，也揭示了历史事实、环境条件、资源资本、传统价值等方面的特性。

2. 社会功能支持社会记忆

社会记忆作为社会功能的支撑，是指为满足社会的多样化目标而存在并发挥作用，同时映射出不同的社会利益关系。这种支撑性作用可以通过以下几个视角进行解析。

首先，社会记忆强化认同感，让人们建立对群体的归属。这种记忆通过历史的标志方式来构建，例如国旗、国歌、国庆等国家的象征。关于记忆的不同表现带来各异的认同感，如民族自尊、国家荣誉、文化自信。比如，一个海外成长的华裔青年在春节时通过参加庆祝活动来体验中国文化，从而强化对自己华裔身份的认同。

其次，社会记忆服务于合法性的需求，它的存在是为了维护对特定制度、规范的正当性。这种记忆通过历史叙述的方式得以构建，涉及宪法、法律、领导人等象征性元素。这些社会记忆进而产生了多种合法性效应，比如促进政治稳定、维护社会秩序以及增强公民责任感。

再次，社会记忆在创新过程中起着重要作用，它常常能激发人们对特定问题进行新颖、独特的思考。“社会记忆不仅仅是历史的存储，它也是一个动态的、不断被重新解读和赋予新意义的过程。正如档案馆可以利用新媒体技术创建数字化记忆共建共享平台，开发多个登录入口，将档案馆、企业、公众等记忆主体纳入其中，开放档案记忆信息上传路径，在审核管理之后及时共享多样化的社会记忆。”[27]这种对过去经验的共享和再创造，实际上为创新提供了肥沃的土壤。为了鼓励创新，人们可能会利用科学家、艺术家、发明家等历史中的各种符号。这些记忆可以引发不同的创新效果，如科技进步、文化繁荣、社会发展。

总之，社会记忆由其承载的社会功能所推动，展现了个体对于历史的探索、历史对个体的价值。这种激发性作用是有益的，同时也伴随着潜在的问题。因此，在探究社会记忆与社会功能之间的联系时，我们需要辩证地看待，才能科学处理我们与社会技能之间的关系。

3. 社会记忆受社会变迁影响

“大多数学者都承认社会记忆形成过程是一个社会建构的过程，但是人们却不是无端地建构过去。”[28]社会记忆与社会的演变相互影响，体现在社会记忆随着社会事件的发展而产生、消逝、变化，它反映了社会的历史进程。这种影响力可以通过以下几个方面加以分析。

首先，社会记忆受社会事件深刻影响，它可能由某些重大或意外的事件触发、激活、重塑或被遗忘，反映出社会危机及其应对策略。重大或突发事件可能会对人们的历史体验和情感产生深远或持久的影响，从而塑造他们对历史的回忆和解读。例如，自然灾难、战争、疫情、科技变革等可能在人们心中留下创伤或启发性的记忆。这些记忆可能引发各种反应和影响，如恐慌和逃避、悲伤和反抗、团结和合作、学习和创新等。

其次，社会记忆受社会进程持续影响，由一系列社会进程塑造，体现了社会的演变。持续的社会进程可能对群体的历史认知产生积累效果，从而影响他们对历史的继承。

最后，在社会演变的过程中，社会记忆扮演着重要的调节角色。它可能加速、延缓社会事件发展。社会记忆的不同形态可能会对群体、对当前、对未来的看法产生积极或消极的影响，进而影响他们对社会变迁的反应。例如，充满积极性的社会记忆启发推动变革，而包含悲观情感的社会记忆可能阻碍变革，而那些保持中性视角的社会记忆则可能促使人们采取支持、反对、适应等多种不同的反馈行为。

综上所述，社会记忆展现了人们与历史的互动，也展现了历史与社会的互动。

4. 社会记忆对社会组织有功能性影响

社会记忆对于社会组织的功能性有着重要影响，它既可能增强社会的秩序、规范、凝聚力和稳定性，也可能对这些产生负面效应，体现了社会运作的多种效果。我们可以从以下几个方面来审视这种功能性的影响。

首先，社会记忆有利于维护社会秩序，它在支持各种社会结构、体制、分工、角色方面发挥了重要作用，体现了社会的整合力。“在权力秩序的指向下，社会记忆既是当下的生产，也是传统的绵延；既是被建构的结构，也是建构性的力量。”[29]不同的社会秩序依靠相应的社会记忆来维系，比如法律和道德，它为社会成员提供了共同行动的指南，具有维护社会秩序的效力。

其次，社会记忆可以推动社会规范的形成，它能够帮助社会价值观的实现。社会记忆是社会规范的形成和持续存在的基础，不仅保存了历史和经验，而且通过这些记忆，社会成员能够学习社会规范并内化于心，从而形成共同的价值观和行为准则。社会记忆的这种功能在于它提供了一种机制，通过这种机制，社会规范得以传承并在社会成员之间达成共识。因此，社会记忆可以被视为推动社会规范形成的重要动力。社会规范的形成和实施依赖多样的社会记忆，这在艺术、科学、政治等多个领域中均有所体现。这些社会记忆向社会成员提供了共同价值观念，提升了社会规范的影响力。

再次，社会记忆可以提升社会的凝聚力，它能够强化社会团体之间的联系，反映出社会中合作竞争的关系。社会凝聚力是由多种社会记忆构成的基石。集体记忆通过社会交际来维持，人们分享统一的记忆。这些社会记忆为社会成员带来了共同的情感纽带，加深了人们对社会凝聚力的感知。

最后，社会记忆有利于社会稳定，它反映了社会的适应力。社会稳定需要历史传统等社会记忆来进行调节。这些社会记忆为社会成员提供了共同的经历，增强了社会稳定性的应对能力。

总的来说，社会记忆对于社会组织的功能性具有一定影响，它体现了人们的贡献，也映射了社会对人们的形塑。

5. 社会记忆可以促进社会管理

“社会记忆的保持和延续除了依赖于刻写式的实践外，主要通过两种非刻写式的操演方式得以实现：一个是纪念仪式，一个是身体实践。这些方式在传递社会记忆的过程中皆要受到社会权力的影响和制约，社会记忆也在这种控制和建构之中演变为权力本身。”[30]社会记忆在社会治理中扮演着重要角色，它可以被社会机构、组织、个体以多种方式操作，体现了社会运作的策略。这种控制的可能性可以通过以下几个维度进行深入探讨。

首先，社会记忆可以成为一种被操纵和利用的工具，它可以被有意识地挑选、加强、扭曲或传递，反映了社会意图和利益的多样性。社会的不同主体可能会基于自身的目标和需求，对特定的历史符号和表达选择性地重塑和展示，以实现影响或说服他人的目的。比如，通过广告、宣传、教育等手段，一些产品、品牌、观念可能被塑造成符合某方利益的社会记忆，以增强其知名度、信誉或影响力。

再次，社会记忆在某些情况下可能成为被传承或者淡化的资源。它既可以被有意识地保存、复原并传承下去，也可能因种种缘由，如疏忽、刻意忽略或权力决策，而被遗漏、消除乃至遗忘。这一过程深刻体现了社会的责任感以及权力的运用方式。不同的社会参与者可能基于自己的价值观和评估，对特定的历史符号和表述作出有选择的保留和传承，目的是保持或者改写历史的轨迹。例如，博物馆、图书馆、档案馆可能会对某些建筑物、书籍、档案进行保护或复原，旨在保护历史的真实和完整，提升历史知识与文化遗产的认知价值。

再次，社会记忆可能是一种可控制或失控的现象，它可以在有序的监督下运作，也可能无序地扩散，这映射了社会秩序的状况。不同的社会主体可能会根据自己的能力，对某些历史表达进行有限的调整，以实现历史的平衡。例如，伦理道德等可能对涉及隐私尊严等的社会记忆进行规范，以促进人文关怀，提升社会的道德水平。

总的来说，社会记忆在社会管理中的可控性体现了人们对历史的主动塑造。在研究社会记忆与社会管理的关系时，我们也应审视这层关系，更全面地理解我们与社会管理之间的关系。

（三）社会记忆与文化的关系

社会记忆与文化的关系是指社会记忆在不同的文化特征中形成，以及文化对社会记忆进行塑造、改变等方面的相互作用。“社会文化会为记忆提供一个基本框架，个体的记忆必然置身于这个框架，特定的记忆能否被回忆起和以什么方式被回忆起，都取决于这个框架。”[31] 社会记忆与文化的关系可以从以下几个方面进行理解。

1. 社会记忆由文化特征决定

它是由不同的文化符号、语言、价值所构成的现象，反映了不同的文化差异。这种决定性可以从以下几个方面进行分析。

一是社会记忆由文化符号构成，“文化记忆是一种制度，存储在象征形式中被外在化、客观化。与听到的语言和看到的手势不同，这些象征形式是稳定的、超越场景限制的，可以从一个场景转到另一个场景，从一个世代传到另一个世代。”[32] 它通过不同的文化表现，反映了不同的文化风格。人类通过文化（尤其是符号系统，包括语言）来掌握世界，这也是记忆过程的一个重要中介。因此，文化特征通过符号和意义的分配，影响个体和集体对事件的记忆和再记忆。文化符号中的文字、图像、音乐、服饰、建筑等，都可以作为社会记忆的媒介，传递历史信息。

二是社会记忆通过文化语言来表达，由不同的文化规则解读，它反映了不同的文化逻辑。文化语言中语言文字、口头传说、书面记录、影视作品等，都可以作为社会记忆的工具，阐释历史事件。

三是社会记忆通过文化价值传达，由不同的文化观念赋予，它反映了不同的文化取向。正如在中国的“一带一路”倡议下，“一带一路”共建国家的人们通过文化艺术的传播与交流，对中国文化的认知和记忆也会因文化取向的不同而有所差异。有研究表明，演出是中国文化“走出去”产品类型的常态，艺术品和工艺品是青年最愿意接触的文化产品，艺术展览是他们参加率最高的文化活动。文化价值中的道德观、审美观、世界观、人生观等，都可以作为社会记忆的标准，评判历史行为。

综上所述，社会记忆可以由文化特征决定，它既体现了人们对历史的认知，也体现了历史对人们的影响。这种决定性既有其合理性，也有其局限性，因此，需要我们在研究社会记忆与文化之间的关系时，既要尊重不同的文化符号、语言和价值，也要审视不同的文化符号、语言和价值。

2. 社会记忆受文化发展影响

随着时代的变迁，传统的文化元素逐渐淡出人们的视野，而新的文化因素则会不断地加入社会记忆的行列。现代信息技术的发展改变了人们获取信息的方式，改变了文化记忆的载体，影响了社会记忆的内容和形式。文化变化导致某些传统记忆的式微，也为新记忆内容的产生提供了土壤。这种变化可以从以下几个方面进行分析。

一是社会记忆受文化创新影响，由新颖的文化形式引发，它反映了文化的创造力。新颖的文化形式可能对人们的历史认知产生启发，从而影响他们对历史的理解。例如，科幻小说、电影、游戏等会让人们产生探索性的社会记忆，丰富历史视野、突破历史局限等。新的文学作品、电影、音乐和艺术作品等都是社会记忆的载体，它们通过创新的方式记录了社会的历史经验。数字档案、在线档案馆、虚拟现实等技术应用，为人们提供了新的体验社会记忆的方式。

二是社会记忆受文化交流影响，它反映了不同的文化交流。深入的文化沟通会更新人们的历史知识，从而影响他们对历史的传承。文化交流的表现形式是文化遗传，它包括纵向遗传、横向遗传和逆向遗传三种形式，分别构成农业社会、工业社会和信息社会三种主导文化交流样式。这些交流样式在功能上各自不同，它们通过社会记忆的传递，对社会记忆的形成传播产生影响。纵向遗传使人类获得有别于动物界进化的发展，而且通过代际的知识经验的传递，影响社会记忆的连续性。横向遗传则通过不同文化之间的相互交流，促进了社会记忆的多样性。逆向遗传推动社会高速发展，同时也可能带来新的社会记忆的生成和旧有社会记忆的重塑。

三是社会记忆受文化冲突影响，由激烈的文化对立引起，反映了不同的文化冲突。当社会成员在面对文化冲突时，可能会因为对异质文化的排斥，而选择性地记忆某些信息。这种选择性记忆的过程，实际上是文化冲突对社会记忆的一种影响。激烈的文化对立会对人们的历史经验产生冲击，影响他们对历史的理解。

3. 社会记忆是文化传承的纽带

“正是社会记忆对人类实践能力和经验认识的保存和传递，才使文化能够传承、传统得以延续、社会取得进步。”[33]它反映了文化的连续性，这种作用可以从以下几个方面进行分析。

一是社会记忆保护文化遗产，为了保存不同的文化内容而记录，它反映了不同的文化特色。历史建筑、古籍典籍、民间艺术等文化遗产都是社会记忆的载体，体现了不同地域的历史风貌。例如，成都天府广场和天府立交，都可以看到太阳神鸟的形象——四周喷射出十二道光芒的太阳，围绕着太阳翱翔的是四只展翅的神鸟。金沙太阳神鸟金饰，珍藏于成都金沙遗址博物馆，对于成都人有特殊的意义。太阳神鸟生长于成都、深埋于成都、发掘于成都，已经印刻进这座城市的记忆里。[34]

二是社会记忆延续文化资源，为了利用开发文化知识而传播，它反映了不同的文化智慧。不同的文化资源，如语言文字、科学技术、哲学思想等，都是社会记忆的工具，体现了不同领域的智慧成果。例如，《永乐大典》是明永乐年间编纂完成的一部百科全书，涵盖天文地理、人物传记、医术、农艺等各个方面。《永乐大典》是中华民族智慧结晶和文化瑰宝，也是世界文化遗产。

三是社会记忆推动文化创新，为了推动文化融合而表达，它反映了文化的创造力。“文化传承是一个社会记忆的自我调适过程，并与人类的发展同步。随着全球化、信息化以及科学技术的进步，社会记忆的内容和方式将会不断丰富和拓展，进而促进文化的传承。”[35]艺术作品和思想理论等文化创新，都是社会记忆的产物，反映了人们对历史和现实的思考。

4. 社会记忆可以进行文化塑造

社会记忆可以增强文化特征，反映不同的文化效果。具体有以下几个方面。

一是社会记忆塑造文化特征，强化文化标识，反映不同的文化评价。“在古埃及，文化记忆的承担者是国家，它通过实现‘玛阿特’使个体享受今生和再生，其中起核心作用的是仪式而非文本。”[36]语言、服饰、习俗等文化特征，都是社会记忆的表现，展示了不同群体的文化身份。“文化记忆一般以文本、仪式、纪念物、圣书和其他媒介为象征，通过跨代的社会实践把过去现时化，从而达到‘支撑回忆和认同的技术性作用’，时间上一般超过交流记忆的三、四代限制。”[37]

二是社会记忆塑造文化变化，促进不同的文化融合，反映文化的动态性。科技发展、艺术流派、思想理论等文化变化，都是社会记忆的动力，推动了不同领域的文化进步。例如，互联网是当代最重要的科技之一，也是当代最重要的社会记忆之一，改变了人们的生活方式，也改变了人们的思维方式。利用互联网，我们可以促进不同文化的融合。

三是社会记忆塑造文化传承，保护文化遗产，反映了文化连续性。历史建筑、文化典籍、民间艺术等，都是社会记忆的载体，保存了不同地域的历史风貌。例如，《诗经》是中国最早的诗歌总集，也是中国最早最完整的社会记忆之一。《诗经》记录了西周至春秋时期各地风土人情、政治军事、礼仪乐器等，也反映了先民的思想情感、道德观念、审美趣味等。阅读《诗经》，我们传承发扬中华优秀传统文化，如果歪曲《诗经》的历史内涵，只把它当作一种文学资料，就可能阻碍文化传承。

5. 社会记忆可以支持文化管理

“社会记忆得以延续是通过纪念仪式和身体实践来实现的。”[38] 这些仪式活动不仅是对过去的回顾，也是对现有社会规范的强化。它们通过模仿的方式，将社会成员的行为标准化，从而维护社会秩序。由此可见，社会记忆可以被不同的文化组织利用，反映不同的文化策略。

一是社会记忆可以被有意识地选择传播，反映不同的文化利益。文化组织根据自己需要，可以对历史符号有选择地重构，以达到影响他人的效果。

二是社会记忆是可以被有意识地保存、删除，反映了不同的文化责任。文化组织根据自己的价值，对历史符号有选择性地保留，以达到文化管理的目的。

三是社会记忆可以被有规则地制约、引导，它反映了不同的文化秩序。文化组织根据自己的条件，对历史符号有限度地调节，达到文化管理的目的。

总之，社会记忆可以进行文化管理，既反映了人们对历史的主动性，也反映了历史对人们的被动性。这种可控性有其必要性，但需要我们在对社会记忆与文化之间关系研究时，持审视态度才能够准确理解和处理我们与文化之间的关系。

三、口述档案在社会记忆研究中的基础理论与角色定位

在社会记忆的研究领域，口述档案有其独特的角色定位。社会记

忆代表了社群对历史事件、经历和价值的集体理解与评价，它是社会认同、文化遗传和历史构建的基石。作为一个跨学科的研究领域，社会记忆研究专注于探讨记忆的形成、传递、演变及其影响力，并研究不同个体、集体和媒体在记忆构建过程中的角色与互动。

口述档案，作为一种以录音、录像或者语言文字形式记录下来的历史见证，旨在抢救、保护历史记忆。这些档案中蕴含的是口述者大脑中鲜活而有研究价值的记忆。“口述档案中反映的生动、鲜活记忆不同于历史教科书中记载的大事件，却以录音、录像的多样形式，在‘信息时代’‘视听时代’绽放其独有的魅力——以不同于档案原件的形式——使公众更容易接受这种信息的传播方式。”[39]口述档案记录了口述者个人的经历，也反映了特定时代的社会情形。其在社会记忆研究中的作用主要体现在以下几个层面。

（一）口述档案是社会记忆的重要来源

1. 口述档案可以提供其他类型档案文献无法提供的信息

通过口述档案的独特视角，我们得以触及个人对历史事件的直接经历。这些经历揭示了历史事件的实际情况，展现了个人在历史事件中的作用。这些经历有助于我们全面理解历史事件的进程，丰富了我们对历史事件的认知。在广州市档案发展中心（广州市音像资料馆）的《光荣在党50年》口述档案采集项目中，我们采访了一位老党员，他真实还原了在参加云南老山地区对越防御作战时，受命承担“‘1·5’北虎行动”“‘1·7’黑豹行动”时的直接经历。

口述档案具有其他档案形式没有的独特视角，尤其是在个人对历史事件的主观体验方面。这些个人体验见解映射了他们对事件的情感态度，同时也揭示了他们对事件意义的个人理解。这种开放的视野有助于我们以更加广阔的视角来审视历史，也激发了对历史事件的深层思考。例如，在我国改革开放的历史浪潮中，社会经历了剧烈的变迁，涌现出众多新兴社会群体，包括私营企业主、农民工、海归等，在广州市档案发展中心（广州市音像资料馆）的《创行湾区》系列采访中，采集者通过对粤港澳地区在广州创业人员群体的代表性人物进行口述档案采访，我们能够收集到他们对改革开放所带来的机遇与挑战的个人感受，进而更全面地展现改革开放对中国社会各方面产生的深远影响。

口述档案揭示了那些通过其他档案难以触及的、被遗漏的历史细节。这些细节对于揭开历史事件中那些不为人知的信息，展现事件的深层次原因及其影响至关重要。通过这些细节，我们能够更准确地理解历史事件的全貌，同时也为我们探索历史中那些未被发掘的领域提供了机会。比如，在抗日战争期间，我们党领导的抗日民族统一战线中，许多爱国人士也发挥了一定作用。通过对那个时期参与者的采访，我们能够获得关于他们在战争中的更多宝贵信息，为抗战历史的研究提供新的视角。

综合来看，口述档案能够丰富我们对历史事件的认知，获得其他档案形式无法获得的个人经历、历史细节。这些独特的信息对于重构历史全貌、揭示历史发展规律、加深对历史意义的理解都具有不可估量的作用。

2. 口述档案记录的形式丰富

口述档案通过多样化的记录手段，如音频、视频和文字等，记录并保留了口述者的话语、形象等。这些档案作为社会记忆的关键承载物，以其生动的真实性和强烈的感染力，有效地唤起人们对往事的回忆与想象，提升了人们对历史的归属感和参与意识，推动了历史的继承与创新。

音频口述档案能够捕获口述者的语言特点、声音的波动和情感的流露，让叙述的内容显得更加真实与动人。音频档案能多次回放、快速查找和精确转写，使得叙述内容更易于分析和应用。同时，音频记录可以与其他档案或文献相互印证，增加了叙述内容的客观性和准确性。比如，通过录音方式记录下的科学家们的生平故事和学术思想，为历史研究提供了宝贵的一手资料，同时也为中国科学发展的历程留下了重要的参照。

视频的应用使得口述档案不仅限于文字层面，而是能够展现出口述者的外观特征、肢体语言、表情的微妙变化，使叙述内容更加立体生动。视频还能记录口述者所处的环境、整体氛围，为内容增添了强烈的场景感。此外，视频记录还能够充当其他档案的有效补充，使得叙述内容更加全面。

文字记录则是将口述者的话语转化为规范化的文本，使得内容更加清晰、易于理解。整理编辑文字使其更适合传播。通过文字整合，可以将口述内容与其他档案相结合，实现信息的集中。比如，广州市档案发展中心（广州市音像资料馆）的《我和档案馆的故事》口述档案采集项目，通过文字转录的形式记录了广州市档案馆自成立以来的重大事件和关键人物的回忆，为该馆的历史研究提供了权威而翔实的资料，同时也是对该馆的学术成就和社会贡献的有力证明。

总体来说，口述档案通过录音、录像、文字等多种方式记录和保存口述者的话语、声音、形象和场景，赋予了内容以高度的真实感、生动感和感染力。这些记录方式能够有效地触发人们对过往的记忆和联想，加深对历史的认同和参与，促进历史的传承与创新。

3. 口述档案体现了对历史记忆的丰富理解

口述档案揭示了社会记忆的多元性，呈现了人们对历史记忆的多种理解。这体现在不同角色的多维视角上，也反映在对同一历史议题在不同时空的关注点上。这种多样化的记忆展现了社会记忆的复杂性，揭示了它与个人身份、集体利益、文化传统、背景之间的紧密联系。

口述档案展现了人们对同一历史事件的多元解读。这种多样的解读源自不同的历史参与者，包括亲历者、见证人、利益相关者以及那些受到影响的人，他们都是基于个人的观点，对历史事件提出了独到的理解。“口述历史档案做到了尽最大可能帮助以往被忽视的边缘群体进入历史镜头之中，在一定程度上纠正了传统历史记录的偏颇。”[40]这些独特的视角揭露了历史事件的多维性，展示了这些事件对不同群体产生的影响。

口述档案还展现了对同一历史主题在不同时空的解读是如何变化的。这种变化可能随着时间的流逝、地理位置的改变而变化，映射出历史主题的时空性。例如广东省和西藏自治区关于改革开放的口述档案，我们可以深入探究两地人民对改革开放的多维理解，从而对这一历史阶段的影响有更深入的理解。

此外，口述档案也能够体现社会记忆与个人身份、集体利益、文化传统、背景等因素之间的互动。这些因素共同影响人们对历史事件的记忆，影响他们对历史的诠释。这种作用体现了社会记忆的主观性。

综上所述，口述档案通过揭示人们对同一历史事件的各自理解，和不同时空背景下对同一历史主题的看法。口述档案通过搜集、整合、对照、解析不同的口述资料，揭示了它们之间的共同点与差异。

4. 口述档案富含历史记忆的潜在信息

口述档案可以辨识多种口述资料中的共性与个性，梳理其因果逻辑，辨别真伪，评估其价值，为构建和运用社会记忆提供了更为全面、客观和深刻的视角和根据，挖掘历史记忆的潜在信息。

首先，口述档案包括不同的口述资料。采集工作是口述档案研究的基础，通过系统的采集工作，社会记忆研究得以变得更加深入广泛。例如，“华南理工大学在迎接校庆60周年的过程中，对38位老华工的口述资料进行了比较分析。研究者发现，虽然受访者对华工的办学历程、培养目标及办学理念等问题的看法存在差异，但对于华工人的精神和华工特色文化的解读则呈现波动，但异中有同。”[41]再如，笔者通过访谈方式采集来自不同大学、不同学科、不同层次的中国高等教育工作者对中国高等教育发展历程中的一些关键议题，比如高考制度、学术自由、教育改革等的个人见解。这些采集来的资料为研究中国高等教育史提供了丰富信息，还揭示了对这些议题的深层次的理解。

其次，通过整理不同的口述资料，可以揭示它们之间的共通性与差异性。整理是口述档案研究的桥梁。整理众多不同的口述资料，旨在优化社会记忆研究的信息架构，强调信息的特点。这样的整理工作使得社会记忆研究更加有序规范。

最后，通过对不同口述资料的比较分析，展现了不同资料之间的异同。“在这个过程中，研究者需要强化团队合作的意识，定期分享、探讨每位受访者及研究成员的观点或结论，最后形成对人物、事件、历史的全面理解。”[42]这是为了提炼出社会记忆研究中的关键信息，并探寻这些信息背后的深层原因。

总而言之，口述档案通过对不同口述资料的采集整理和比较分析，揭示其中的共性与差异，阐明因果逻辑，辨别真伪价值，“口述档案与纸质档案或文献资料存在矛盾时，研究者需要深入挖掘，决定哪一方更为准确。如果无法通过现有的纸质档案及文献资料比对，而现有的受访者对同一事件或同一人物的意见存在分歧时，研究者可以适当拓宽采访范围，合理确定采访对象，接着对访谈内容进行比较分析，对受访者的经历、接受教育程度、个性等因素进行剖析，最后下结论。”[43]为社会记忆的构建提供更多维的视角，促进社会记忆的交流对话，增强社会记忆的共识。

5. 口述档案可以通过对口述人的选择、对口述内容的设计、对口述形式的创造等方式，不断拓展社会记忆研究对象、研究方法和研究领域

采访者通过精心挑选口述者、巧妙构建口述内容、创新口述形式，不断扩充社会记忆的研究范畴、研究手法和研究领域。口述档案利用这些方法，使得社会记忆的研究更加多样、开放和具有创新性。

首先，精选口述者，不断增加社会记忆的研究对象。口述者的挑选可以基于多种标准，比如历史事件的相关度、代表性、独特性，或是个人的年龄、性别、职业等。挑选口述者是为了让社会记忆的研究更加全面多元。例如，广州市档案中心（广州市音像资料馆）在进行《广东省非物质文化遗产口述档案》采集工作时，精选了来自不同领域的36位非

物质文化遗产代表性传承人作为口述者。这些口述者为非物质文化遗产的研究提供了多元的信息。

其次，设计口述内容，不断拓宽社会记忆的研究方法。口述内容是口述档案的核心，也是社会记忆的精髓。设计多样的口述内容，将它纳入采访提纲，可以记录多种社会记忆信息，反映社会记忆的特点。口述内容的设计可以基于事件的重要性等，或是根据口述者的经历。设计口述内容的目的在于更加深入社会记忆。在广州市档案发展中心（广州市音像资料馆）的口述档案采集实践中，采集者将采集内容分为三部分：一是口述者的个人背景信息，二是采集主题信息，三是个人的独特经历信息。三者层层推进，逐步挖掘口述者掌握的历史信息。

最后，创新口述档案形式。可以将社会记忆研究推向新的领域。口述档案的形式是其外在的表现，它还具体地呈现了社会记忆的实质。通过创新口述记录的形式，我们能够呈现出社会记忆的多种效果，以满足社会对记忆的不同需求。例如，在广州市档案发展中心（广州市音像资料馆）进行的《广东省非物质文化遗产口述档案》采集项目，通过数字技术、网络平台、多媒体手段等多样化的方式来记录、保存、展示口述档案。这些口述形式适应性强、灵活，为文化遗产研究领域注入了新的活力，开辟了多样化的研究视角。

（二）口述档案是社会记忆的多样性和争议性的体现

1. 口述档案展示不同主体对同一历史事件的不同理解和评价

保定府河口述档案收集过程中遇到的实际问题表明，不同的人会从他们自己独特的视角出发，对同一事件给出不同的叙述和解读。口述档案能够反映出不同主体对于特定历史事件的独特见解。这种档案揭示了社会记忆的丰富性，描绘出不同时空下人们对同一历史议题的不同理解。视角多样性映射出社会记忆的复杂性，而且展现了社会记忆与个人身份、集体利益、文化遗产、背景等因素的紧密联系。

从时间维度来看，口述档案能够揭示不同年代对同一历史事件的理解和评价如何随着时间变化而发生变化。这种演变与当时的社会环境紧密相关。从空间维度来看，口述档案展现了不同地区对同一历史事件的理解和评价的多样性，在地区的自然地理、文化传统、经济发展水平等多种因素的共同影响下，塑造了人们对历史的多样诠释。从社会群体的维度来看，口述档案展现了不同社会群体对同一历史事件的理解评价。身份背景、利益诉求、思想信条、行为习惯等多种因素影响群体成员对历史的理解。

总的来说，口述档案能够呈现不同主体对同一历史事件不同见解，以及在不同时空背景下对相同历史主题的解读。

2. 口述档案能以多种形式记录口述人的语言、声音、形象等

口述档案可以通过录音、录像、文字等形式记录信息，具有真实性、生动性、感染力。这些形式可以有效地激发人们对过去的回忆，增强人们对历史的参与感，促进人们对历史的传承。我们可以从多个方面来分析这个作用机制。

从技术维度来看，随着科技的发展，人们有了更多的手段来进行采访。早期，人们只能用纸笔来记录口述人的话语。后来，人们可以用录音机或录像机来记录口述人的声音或形象。现在，人们可以用电脑、手机等智能设备。与传统采访设备相比，现代设备既方便采访，也更加节省时间。技术的进步使得口述档案更加丰富多样。

从内容维度来看，不同的形式可以表达不同的内容，产生不同的效果。在文字形式中，口述档案可以记录口述人的语言，可以表述口述者的思想观点、逻辑推理、文化素养等。在录音录像中，口述档案可以记录口述人的声音、形象，体现出口述人的情感状态、个性特征、生活环境等方面。这些内容的差异使得口述档案更加全面深入，也更加真实生动。以保定府河口述档案为例，通过音频或视频可以记录保定府河流域居民的生活状态和对该地区历史文化的记忆，那么这些资料不仅仅记录了保定府河的历史文化，还捕捉了居民的生活细节和情感表达，从而使得这些口述档案成了连接个人记忆与社会记忆的桥梁。

从效果维度来看，不同的形式可以对人们产生不同的影响。文字形式更适合在学术研究中运用，录音录像更适合在教育传播中进行情感渲染。场景形式更适合艺术呈现。效果的差异使得口述档案具有更多功能。

总之，口述档案是社会记忆的载体，它通过多种形式记录保存口述人的情况，效果突出，可以有效地激发人们对过去的回忆，增强人们对历史的认同感，促进人们对历史的传承。

3. 通过比较分析口述档案，寻找历史记忆的共性与差异

通过采集、整理、对比分析不同的口述资料，能够揭示出历史记忆的共同点和不同之处。口述者对历史事件的记忆、证言、评价组成口述档案。它是探索历史的宝贵资料库，也是社会记忆的关键部分，反映了人们对历史的认识、情感、立场，体现了社会记忆的辩证性。

为了深入挖掘口述档案在构建社会记忆方面的巨大潜能，我们需要对各种口述资料进行细致入微的采集、整理、对照解读，以揭示它们之

间的异同，阐明因果逻辑关系，识别真伪。具体来说，我们可以在以下几个方面开展。

首先，采集工作。我们应当按照口述档案项目既定的主题，筛选那些有代表性的受访者，采用合适的访谈方式，以保证采集到的资料的真实性、可靠性。同时，我们还需要收集与口述内容相关联的其他类型档案材料，例如书信、照片、音频、视频资料等，这样可以为口述资料提供丰富的佐证。在广州市档案发展中心（广州市音像资料馆）的口述档案采集实践中，采集者在对口述者进行访谈时，会在演播厅大屏幕实时播放与口述事件的老照片，请口述者出示相关证件、纪念物，以此形成印证关系。

其次，整理工作。我们应当按照国家标准、行业规范，对口述资料系统地归档、编目，建立起口述档案管理体系。同时，还需要对口述资料进行文字转录，从而提高资料的实用性。2024年6月，广州市档案发展中心（广州市音像资料馆）对采集的《南粤追梦人》的口述档案进行文字转录工作，为后续档案汇编和档案研究工作打下了坚实基础。

再次，对比工作。我们应当对内容各异的口述资料进行对比，以发现它们之间的异同点。同时，我们还应当将口述资料与其他类型的历史资料对照，以验证口述资料的真实性。广州市档案发展中心（广州市音像资料馆）发现采集的口述档案与所掌握的史实信息不一致的地方，会查阅相关史料，进行考证说明，与口述档案一并归档。

最后，分析工作。我们应当借助历史学、社会学、心理学等学科的理论方法，对口述资料进行深入分析。

通过上述步骤，我们能够从众多口述资料中提炼出其共性和特性，为社会记忆的研究提供更全面客观的内容。在高校口述档案项目中，通过收集不同时期学校人员的口述资料，如“交通大学西迁口述采集工程”“百年绥师”“南外记忆”“湖南省中方镇乡村女教师口述史”“亲历乡村基础教育47年”，我们可以整理出学校历史发展中的关键事件等内容，并通过与其他档案材料的对比研究，揭示校园文化的演变轨迹。在《广东省非物质文化遗产传承人口述档案》采集项目中，广州市档案发展中心（广州市音像资料馆）通过收集民间艺术传承者的口述资料，整理出民间传统技艺、习俗、故事等，比如沙湾飘色、沙湾音乐、广东醒狮等，并通过与其他文献资料的对比，展示民间文化的多样性。在《百年广州》口述档案采集项目中，采集者通过收集不同职业人士的口述资料，可以发现社会变迁中的人们生活方式、社会问题、价值观念等内容，并通过与其他社会资料的对比研究，反映出社会变迁的深远影响。通过采集分析不同的口述资料，可以推动不同群体间的互动，加深对历史事件的理解，有助于构建共同的社会记忆。例如，从2023年1月起，中国人民抗日战争纪念馆开始了对抗战老兵口述历史的采集工作，收集了来自各地的抗战老兵的口述资料，整理了他们在战争中的英勇表现和动人故事，并与其他相关档案材料进行对比研究，从而呈现了抗战老兵的历史贡献。这些口述档案是抗战历史的珍贵资料，也构成了国家和民族的共同记忆，能够唤起人们对国家和民族的荣誉感。在新冠肺炎疫情防控工作中，广州市档案发展中心（广州市音像资料馆）实施了《抗疫战士口述历史》项目，搜集了来自一线的医务工作者、志愿者、基层工作人员等的口述资料，记录了他们在抗疫斗争中付出的艰辛努力，并与其他抗疫档案进行了对比研究，以此展现一线人员的无私奉献精神。这些口述档案是抗击疫情历史的鲜活证据，也是社会主义核心价值观的具体体现，能够激发人们对一线人员的支持，提升对生命健康的关怀。

通过对不同口述资料的搜集、编目、对照和剖析，能够发掘其共通之处与不同点，阐明因果逻辑，辨识真伪价值，为社会记忆的构建与应用提供了更为全面、客观和深刻的视角，促进了社会记忆的交流与对话。

总的来说，口述档案是通过多种方式记录社会记忆，并且通过对不同口述资料的对照剖析，挖掘出社会记忆的异同。因此，我们应当高度重视口述档案的研究工作，充分发挥其在社会记忆研究中的重要作用。

（三）口述档案创新了社会记忆的呈现

社会记忆随着社会的演进、人们需求的变化而不断变化。新的信息源泉、新的表达形式、新的传播途径都会推动社会记忆的持续变化。口述档案以其信息内容之丰富、载体形式之多样、利用方式之广泛，成为推动社会记忆更新的关键力量。其主要作用体现在以下几个方面。

1. 口述档案可以提供更多关于历史事件或现象的细节和背景信息

“口述档案具有可以填补历史空白、纠正错误信息、独特口述视角、生动历史细节等特点，是历史研究中不可替代的重要资料。”[44]口述档案提供了关于某个历史事件或现象更加丰富的细节和背景。这些档案资源之所以独特，是因为口述者们用他们自己的语言和情感，回想并讲述他们亲身经历的或是他们掌握的知识中的某个特定历史事件或现象。这样能够弥补或纠正传统档案和文献记录中的缺失或误差，使得我们对历史的记忆更加完备。这方面的体现可以从以下几个角度来看。

首先，口述档案可以更立体地展现历史事件。“通过这些口述档案，人们更能立体地把握整个历史事件。”[45]历史事件通常包含多种元素。传统的档案文献可能只能记录下某些方面的信息，而口述档案通过整合来自不同口述者的信息，能够展示历史事件的完整画面。

其次，口述档案能够揭示历史事件动态性。历史事件会随着时间推移而发生变化。传统档案文献可能仅记录下特定时期或地点的状况，难以捕捉历史的动态变化。口述档案能从同一个口述者处采集人生历程信息，呈现出历史变迁的丰富脉络。

最后，口述档案能够揭示历史事件的内在意义。历史事件的背后往往隐藏着深刻的社会、文化、心理、道德等含义。传统档案文献只展现了历史的表层，口述档案则能够从口述者的个人感受、客观分析中挖掘出更多信息，揭示历史的深层次意义。

总之，口述档案以其多维度和深层次的展示能力，对我们的历史认知、理解、传承扮演着重要角色。因此，我们必须重视口述档案的采集整理技术方法，更加高效地利用这一独特档案资源。

2. 口述档案是历史事件的鲜活再现

“口述档案的出现，涵盖了文献资料所不能涵盖的角度，能够形象、生动地再现历史事件、充满感情地表露内心的想法与感受。”[46]口述档案赋予历史事件以更为触动人心的呈现方式。这类档案资源之所以独特，是因为口述者以个人的语言情感，对其亲身经历的历史事件进行讲述。口述档案能够以一种鲜活动人的形式，唤起人们对历史的兴趣，强化人们对历史的参与感。

口述档案能够生动展现历史，使得历史事件不再是抽象和枯燥的概念，而是充满了丰富多彩的人物形象、扣人心弦的情节、生动的场景、浓厚的氛围。“可以提供许多真实、生动的材料，了解文字档案背后更为鲜活的东西。”[47]传统的档案文献也许只能提供对事件的简略概述和冰冷结论，缺乏重现历史现场的鲜活感。相反，口述档案通过口述者的直接经历和声音，赋予了历史更多维度的信息，使得历史事件更加生动。

口述档案能够传达历史事件背后的情感。历史事件往往有着深远的社会影响。传统的档案文献往往只记录下冰冷的事实数据，却难以触及历史的情感深度。而口述档案则通过口述者的亲身经历，提供了更为丰富的情感信息。

口述档案能够传播历史事件的教育意义。历史事件与现实紧密相连，拥有持续的影响力。传统档案文献仅仅描述了历史的过去，却无法传递其对未来的启示。口述档案通过口述者的亲身体验，提供了更多的启发性信息，传递了历史事件的教育意义。例如，广州市档案发展中心（广州市音像资料馆）在采集《退役军人英雄模范》口述档案时，我们发现有许多英雄的英勇事迹并没有得到及时记录。通过对他们的采访，我们可以获得关于他们在战场上的英勇行为的更多细节，这些信息成为追寻英雄、传承英雄精神的重要依据。

总的来说，口述档案以其引人入胜的叙述方式呈现历史，从多个角度展现了历史的魅力。这对于我们学习历史具有独特作用，因此，我们应当关注口述档案在采集利用方面的方法，关注口述档案的真实性，才能使口述档案的价值最大化。

3. 口述档案借助多元媒介进行历史传播

“口述历史档案随着技术的更新不断涌现出多种从早期的文本、图像、录音、录像等，到现在的多媒体融合。口述历史档案社会记忆再生产的方式越来越多样。社会记忆借助不同的媒介得到固定，并以各自的优势独特地传达给人们，经过人们的移情和投射，促使人们感知、接受与传承历史记忆。”[48]可见，口述档案以其特有的传播模式和应用路径，通过口述者的声音、影像、文字记录，反映出口述者个人的经历、见识和情感，拥有特殊的历史和文化价值。这些档案通过多样化的传播媒介进行传播，如音频、视频、文字、图像、网络和展览等，可以发挥以下几方面作用。

首先，多元化媒介赋予了口述档案更广泛的影响力。口述档案向广大受众展示了口述者的生活历程，传递了他们的思想情感，引发了大家的共鸣。例如，华南理工大学的口述档案项目收集了许多资深教授、校友、员工的口述资料，并通过多方式向公众呈现了他们对学校的贡献，进而丰富了校园文化的内涵。

其次，口述档案通过多种传播媒体，架起了不同群体、地区等之间的沟通桥梁，促进了相互理解。例如，中央电视台《口述历史》栏目，以《见证》《人物》栏目为代表，邀请了来自不同年代、身份、背景的人物，分享他们的历史经历，形成了一个多元化立体的历史视角，引发了社会各界的广泛关注。

最后，口述档案利用各种传播途径，传播正能量，推广优秀的传统文化和民族精神，培育社会主义核心价值观。例如，江苏电视台与南京市档案局合作制作的《反法西斯战争口述档案》项目，对南京地区参与过抗日战争的老兵进行了访谈，记录下了他们的抗战经历，展示了他们的英雄气概。

（四）口述档案是社会记忆研究的跨学科合作平台

口述档案为社会记忆资料库增添了丰富内容。“口述档案作为一种重要的信息资源，因其形象生动的形式、广泛的取材等，吸引了广大社会公众，在传承社会记忆的过程中发挥着重要作用。”[49]社会记忆是社群对于过往事件的共同记忆，它构成了社会文化的核心。对社会记忆需跨学科研究，它依靠口述档案多样化的资料来进行扩展。

1. 口述档案可以提供多元的社会记忆资料

口述档案因其信息的全面性、载体的多样性和应用的广泛性，成为研究社会记忆的珍贵资料。由口述者基于自身的经历，对历史事件进行详细回顾，这就提供了一个多元的社会记忆资料库，反映了不同社会群体不同的视角、声音，展现了社会记忆的复杂性。口述档案相较于其他类型的档案，具备以下几个显著的特点。

首先，口述档案的采集是一种主动的、有目的的行为。传统档案收集通常是对已经存在的文件、历史资料进行整理和归档，而口述档案的采集则是从源头开始，主动去寻找和收集历史资料。这种方式可以更深入地挖掘某些特定时期的资料，尤其是那些未被正式记录下来的内容。在收集口述档案的过程中，采集者需要有清晰计划，通过有针对性的访谈，搜集口述者对于特定主题的详细观点。档案工作者应积极主动地寻找、联系和访谈那些能够提供独特历史视角和记忆的个人和群体。这种主动性不仅仅局限于寻找已知的历史参与者，还包括对潜在的、未被充分利用的资源进行挖掘。与被动等待资料自然积累的传统档案收集方式不同，口述档案采集更强调主动出击，以确保历史记忆的完整性和多样性。这种主动的采集方式有助于避免信息的遗漏，提高了所搜集信息的可靠性。

其次，口述档案的焦点在人，而不仅仅是事件本身。口述档案能够关注到社会个体对历史事件的具体感受，强调了口述者作为历史参与者的个人经历、思想感情，彰显了对历史的人文关怀。

口述档案为研究社会记忆提供了一种丰富多彩的资料，反映了不同群体的声音。例如，广州市档案发展中心（广州市音像资料馆）通过对不同行业代表性人物进行采访，我们能够理解他们在社会变迁中的角色、所作的贡献。通过对广东省非物质文化遗产代表性传承人进行采访，我们能够深入探索他们对广东省民风民俗的记忆，映射了社会记忆中的文化特色。通过对《政协记忆》口述档案项目，对重大事件参与者进行采访，我们能够了解他们对重大事件的记忆和见解，展示了历史真相，以及对这些事件的历史评价。

2. 口述档案是社会记忆的深刻刻画

口述档案以其独特的方式赋予社会记忆更加鲜活的表达。社会记忆是集体对往昔的共识，是文化结构的关键部分。对社会记忆的研究是一门跨学科的学术领域，它依托多样的信息源和表现手法充实其内容。作为一种独特的档案形式，口述档案以其信息之丰富、形式之多样和应用之广泛，成了研究社会记忆的主要表达工具之一。

口述档案由口述者用自己的话语对过去的事件或现象进行叙说和评价，唤起人们对历史的关注和情感，提升人们对历史的归属感和参与意识。与其他类型档案相较，口述档案展现出独有的优势。

首先，口述档案能够凸显历史事件中的人文元素。历史事件常常由人的行动所决定。传统档案文献往往只记录人的基本信息，如姓名、身份、职务等，却难以描绘人物的性格、思想、情绪等深层特质。口述档案涵盖了文献资料所不能涵盖的角度，能够形象、生动地再现历史事件，充满感情地表露了内心的想法与感受。”[50]口述档案也能够从口述者的角度，揭示更多关于人物的细节，突出人物在历史事件中的作用。

其次，口述档案丰富了历史事件的叙事性维度。历史往往以故事的形式呈现，这些故事由一系列逻辑性强、发展明确、高潮迭起的情节组成。而传统档案文献只能简要勾勒出故事轮廓和主要内容，却无法还原故事的丰富细节。口述档案则通过口述者详细叙说，提供了更为深入的故事信息，从而使历史事件更加丰满。举例来说，广州市档案发展中心（广州市音像资料馆）的《名人档案》口述档案采集了广州地区涌现出的众多的先驱人物。通过对这些人物的采访，我们能够深入了解他们在改革中所作出的贡献，以及他们生活成长中的故事，这使我们能够更直观地体验到他们作为主人公的经历。

最后，口述档案显著提高了历史事件的感染力。传统的档案文献往往只记录外在表现，口述档案则能够从口述者的视角出发，揭示更多关于情绪、价值观的深层信息，从而显著增强历史事件的感染力。

3. 口述档案促进社会记忆的多元传播与构建

口述档案为传播社会记忆创造了多元平台。口述者通过自己的声音，反映他们的亲身体验。口述档案记录口述者的见识、情感，拥有着无法被取代的历史文化价值。利用音频、视频、文本、图像、网络、展览等多样的媒介渠道，能够有效地促进社会记忆的广泛传播，实现以下目的。

首先，口述档案通过多元化媒介传播，拓宽了社会记忆的受众范围。这让更广泛的人群有机会接触并理解历史，进而加深了对历史的深刻认识和文化的自信心。例如，由央视原主持人崔永元主导的“口述历史”项目，在8年时间里访谈了超过3500名抗战老兵，累计收集了超过10万小时的口述视频资料，有效地填补了抗战历史的一些缺漏。[51]

其次，口述档案促进了社会记忆的交流与思考。它鼓励人们参与社会记忆的讨论之中，形成了多元开放的历史视角，推动了历史真相的深入揭示。例如，南京市档案局联合江苏电视台，通过实地录音和录视频采访南京的抗战老兵，记录下他们宝贵的抗战经历，创建了《抗战老兵口述档案》。

最后，口述档案传递了社会记忆中的积极能量和正面价值，唤起了人们对社会记忆的认同，培养了包容共生的社会精神，增强了团结奋进的社会动力。例如，川陕革命根据地博物馆邀请了50多位口述者参与《红色故事汇》宣讲，举办了100场颂扬党恩活动，并创作了《铁纪的光芒》《巾帼四川》《响网巴中，学党史讲川陕》等受好评的作品，充分挖掘了文物背后的故事，有效利用了红色资源，通过宣传让文物和历史发声。

总之，口述档案是社会记忆研究的宝贵资料，也是跨学科研究合作的一个平台。我们应当重视口述档案在社会记忆研究中的价值，加强与其他学科领域的合作交流，推动社会记忆研究的进步。

四、跨学科视角：其他学科的社会记忆研究方法和视角

社会记忆研究跨越多个学科领域，这些学科从它们的视角为社会记忆理论提供了独到解读。

（一）历史学研究方法

历史学主要对过去的事件进行深入研究。通过分析解读历史资料来重现过去。在社会记忆研究中，历史学的主要作用体现在两个方面：一方面，它为社会记忆提供了详细的历史进程描述，揭示了社会记忆与时代变化等因素之间的复杂联系；另一方面，它通过批判性的审视指出了社会记忆与历史真实之间存在的距离。历史学通常采用文献分析法，对档案资料等历史文献进行研究，挖掘这些文献中所反映的社会记忆内容。

（二）社会学研究方法

社会学着重研究社会结构、行为模式及其变化过程。社会学家通过对社会现象的观察，深入了解社会问题，以此为基础探索解决问题的办法。社会学为社会记忆提供了理论框架，如哈贝马斯提出的社会记忆、记忆的社会结构、集体认同等重要概念，探讨了不同社会群体构建独自的社会记忆。社会学通常采用的是调查研究方法，收集特定群体对于经历的回忆，然后进行内容解析。

（三）人类学研究方法

人类学侧重人类共性和人类文化多样性的研究，通过田野调查方法，揭示不同文化群体的生活方式、价值观念。“人类学关注的范围扩大，他们关注的人群由少数民族扩展到了其他弱势群体，研

究的议题由文化群体独特性传统，延伸到文化冲突、同化问题等方面。”[52]“人类学田野调查的关键在于调查者必须在行动上和思想感情上参与到他所研究的群体中去，被所研究的群体接受；研究者要和被研究者建立良好的、密切的关系，与当地人进行交流，以获得真实的信息和深入了解群体中的规范。”[53]

（四）心理学研究方法

心理学重点研究人类心理过程和行为模式，通过对个人进行测试，来揭示他们的心理属性。心理学对于社会记忆研究的贡献有两方面：一方面，它通过探索和阐释社会记忆的心理机制和过程，研究了个体如何编码、存储、回忆及重塑个人或他人的历史经历或事件，以及这些过程如何受到注意力、情绪、动机等心理因素的作用；另一方面，心理学还对社会记忆进行了实际应用研究，探讨社会记忆如何影响人们的心理、幸福感、自我效能感等，并在心理疗法或干预措施中的应用。心理学家们通常通过实验方法来研究社会记忆，并据此进行数据分析。

（五）文学研究方法

文学作为一种创意性的艺术表现形式，注重利用文字来表达人类的思想感情。文学通过小说、诗歌、戏剧等形式审美地表现过去，绘制出历史画面，反映作者对过去的看法；文学作品提供了社会记忆的批判性反省，通过文本来揭露社会记忆的扭曲问题，质疑社会记忆中已固化的内容。文学研究社会记忆通常采用文本分析法，通过对文学作品中的语言叙述技巧进行解读，以发掘作品所传达的社会记忆。例如，莫言的代表作《红高粱》，以抗日战争及20世纪三四十年代高密东北乡的民间生活为背景，讲述了抗日战争时期一段扣人心弦的故事，通过对暴力、死亡和欲望等复杂主题的深入探讨，对社会记忆中的某些美化现象进行了批判性反思。

（六）传媒研究方法

传媒作为信息传递交流的平台，通过报纸、电视、互联网等媒介发布新闻、广告、纪录片等各类信息。社会记忆的形成离不开传播载体。随着科学技术进步，现代媒体在发展过程中也历经多次变革，从传统的纸质媒介、广播电视媒体，再到新社会环境下的数字媒体，每次变革都有效推进了社会结构转型升级，转变社会记忆构建模式。特别是随着新兴社交媒体增多和推广，社会记忆构建也不可避免面临新契机和新挑战。在时代发展中，社交媒体可以帮助民众、社交群体、社会组织留存记忆，同时也可以对当前社会记忆进行解构。传媒对社会记忆的贡献同样分为两方面：一方面，通过各种媒介报道和评论历史事件或人物，观众对这些内容的记忆和评价共同构成了公众的社会记忆；另一方面，传媒通过塑造和推广某些事件或人物的形象和故事，影响观众的认知和态度，进而塑造私人的社会记忆。传媒研究社会记忆主要采用内容分析法，通过系统编码和分类不同媒介中的信息内容，分析其所反映或影响的社会记忆的主题和特点。

第三章　口述档案与社会记忆的关系

一、口述档案记录和传承社会记忆

社会记忆的延续有赖于有效的记录传播机制。口述档案作为一种独特的档案形式，拥有丰富的信息量、多样的表现形式和广泛的应用领域，是记录传承社会记忆的关键手段。

（一）口述档案展现了社会记忆的立体性

口述档案由口述者依据个人经历，对特定历史事件从多角度、多层面、多维度进行叙述，以承载社会记忆。

1. 口述档案记录宏观社会记忆

社会记忆的延续发展有赖于有效的记录传承机制。口述档案包含了丰富的内容，它在记录传承社会记忆的过程中占据着重要地位。

口述档案能够记录宏观层次上的社会记忆，记录国家发生的重大历史事件，如战争和自然灾害等。这些事件对社会的发展轨迹产生了深刻影响。通过对那些亲历者进行采访，我们能够获得关于这些事件的详细经过等历史信息。例如，以战争回忆视角切入的《家·国记忆——抗美援朝老兵的戎耀时光》《寻找飘荡的忠魂》《战争遗孤启示录》，这些信息为社会记忆的研究提供了全面而丰富的素材，同时也为研究者提供了宏观历史变迁的新视角。在广州市档案发展中心（广州市音像资料馆）的口述档案项目《粤北华南教育抗战史》中，采集者可以通过采访亲历抗日战争的知识分子等不同社会角色，深入探究他们对于这段重大历史事件的个人记忆，比如他们在抗战期间经历的苦难、胜利。这些第一手资料为社会记忆的研究提供了宝贵的信息源，并且呈现了在抗日战争时期不同群体对于历史事件的多元理解。通过口述档案的采访，我们也能够接触到改革开放初期的开拓者，深入了解他们对于改革开放这一历史进程的个人见解和评述，例如他们在这一时期面临的机会、挑战、创新举措和取得的成就。这类资料为社会记忆的研究提供了直接的视角和第一手信息，同样也揭示了在改革开放的历史进程中，不同主体如何理解和评价历史事件。同样，通过与新冠疫情期间的医护人员、志愿者、市民等不同身份的人士进行口述档案访谈，我们可以收集到他们对这场全球性公共卫生事件的深刻回顾和思考。

总的来说，口述档案能够记录宏观层次的社会记忆，对广泛背景下发生的关键历史事件进行回溯，这在社会记忆中留下了不可抹去的痕迹。通过对相关参与者进行采访，我们可以获得丰富的信息，为我们呈现宏观历史发展的多维面貌。

2. 口述档案记录个体经历

口述档案能够捕捉到个人生活中的细节，记录了人们的日常生活。普通的生活片段构成了我们日常生活的核心，同时映射出人们在不同环境中的思想情感。通过对普通市民的访谈，我们可以获取到他们生活的具体细节，为社会记忆研究提供丰富生动的信息源，也呈现了个体生活层面的人文景观。例如，通过对比不同时代人们的口述档案，我们能够发现他们对于各自生命中标志性事件的记忆与叙述，例如他们在不同的历史阶段和社会环境下经历的人生转折、所面临的挑战、幸福的瞬间以及对未来梦想的追求等。这些珍贵的资料为社会记忆研究提供了从个体角度出发的生活史的直接见证，并且深刻揭露了普通人在其生活轨迹中的思想情感流变和价值取向。在广州市档案发展中心（广州市音像资料馆）的口述档案采集项目《家族往事》中，采集组通过各种传播渠道发布征集信息，广泛吸引社会上乐于参与口述档案项目的普通老百姓。采集者聚焦普通人的生活轨迹，记录了大量普通人的生活记忆。通过对不同地域、不同民族、不同性别的老年人群进行口述档案的采访，我们得以深入挖掘和理解他们在一生中所经历的关键历史事件的回忆与评价，包括他们亲身经历或直接参与的战争、革命、社会改革、自然灾害等，以及他们目睹的历史场景、人物和故事。通过对来自不同行业代表进行口述档案访谈，我们可以掌握他们对于特定领域中的杰出贡献，也可以了解专业领域的直接信息。

3. 口述档案记录专业知识

口述档案可以记录在科学技术、文化艺术、教育卫生等特定领域的创新行为，比如新发明、重大发现、艺术创作、教育实践等。这些成就展示了个人专业技艺，促进了社会整体发展。通过与各领域专业人士深入对话，我们可以详细了解这些成就的实现方式。口述档案以其独特的方式保存了丰富的专业知识，这些知识往往是通过传统的书面材料无法获取的。这些深层次的信息为社会记忆的研究提供了专业的信息源。例如，广州市档案发展中心（广州市音像资料馆）的口述档案采集项目《名人档案》中采访广州市第一人民医院的医生梁某，采集者可以探寻他在电子喉等前沿领域所取得的技术突破，比如研发新技术等，为社会记忆的研究提供了科学技术创新历程的直接记录。

通过对文学家、画家、音乐家等进行口述档案的采访，我们可以深入了解他们作品的创作历程，为社会记忆的研究提供了文化艺术创作历史的珍贵资料。在广州市档案发展中心（广州市音像资料馆）的口述档案采集项目《名人档案》中，采集组邀请知名摄影家陈某，分享摄影家最具代表性的31张照片，通过逐一讲解照片的拍摄理念、设备型号、拍摄手法等，记录了大量关于摄影方面的专业知识。

总之，口述档案在记录专业领域的社会记忆方面发挥着重要作用，根据《2021年中国口述历史观察报告》，东北师范大学的《东北连环画口述历史》、中央财经大学的《监管人资本市场口述史》、中国传媒大学的《中国电视剧诞生记》、哈尔滨铁路公安局的《铁警记忆》、友邻优客的《中国英语学习者口述史》、中国矿业大学的《寻访·记忆——口述学科史》、国网浙江省电力有限公司的《浙电记忆》、上海第二工业大学的《劳模口述史》、深圳职业技术学院的《笔尖上的人生——动画加工》等项目，记录了特定领域的突出贡献，展现了从业者在各自领域的智慧和才能，也推动了社会文明的发展。通过与各领域专家进行对话，我们能够了解到他们成就背后的故事。这些信息为社会记忆的研究提供了专业权威的视角，揭示了专业领域中知识的深度积累。

由此可见，口述档案作为记录社会记忆的多维工具，能够反映多元化的视角声音，揭示了社会记忆的复杂性。因此，我们应当认识到口述档案在社会记忆记录中的重要价值，加强对其与其他档案类型信息资源的整合，以保持社会记忆记录的完整性。

（二）口述档案可以传承生动的社会记忆

口述档案以一种生动的形式传承社会记忆，唤起人们对历史的兴趣，增进了人们对历史的认同。

1. 口述档案传承真实的社会记忆

它们基于口述者的亲身体验，提供了对历史事件的第一手资料，赋予了资料以真实性。同时，口述档案也蕴含着口述者的个人观点，展现了他们对历史的价值判断。

口述档案的价值在于传播了真实的社会记忆，因为它记录了历史事件发生时的具体情况，是口述者基于个人的观察和行动的回忆。“口述档案直接从人们的内心出发，以一定时期社会发展的多元化文化为背景，以采访的形式设定主题，以特定线索引发人们对过去历史和生活的追忆和回溯，使湮没在久远回忆中的事件和人物重新回到人们的视野，引起人们的共鸣，从而开启人们重构未来社会记忆的希望。”[54]口述档案立足个人记忆，挖掘个人对历史的回忆和对社会的认知，从而真实、全面地还原历史事实，建构社会的鲜活记忆。因此，对于社会记忆的研究来说，它们提供了既真实又客观的根据。

口述档案也能传递富有情感色彩的社会记忆，因为它能引发人们对历史事件的情感共鸣。这些档案是口述者基于自己的情感体验所进行的描述。这些个性化的叙述为社会记忆提供了更加生动的解读。例如，广州市档案发展中心（广州市音像资料馆）的口述档案采集项目《知青岁月》，采访了大量当年上山下乡的知识青年，获取到关于这些人物的情感经历、态度、价值观等资料，同时揭示出他们的情感深度。

2. 口述档案具有教育性、启发性和引导性

通过语言、声音、影像等多种媒介，口述档案能够以极具吸引力的方式呈现历史事件的经过、效果和深远意义，具备教育和启发的功能。它们还通过故事讲述、情境描绘和细节展现等手法，以多种形式揭示历史事件的背景、环境和氛围，具有引导和影响的力量。

口述档案作为一种传递社会记忆的有效工具，其教育意义尤为显著。它高效地传播历史知识和智慧。通过语言、声音、影像等多种媒介，口述档案以生动的方式呈现出历史事件的演变过程、取得的成果和其深远意义，有助于人们深入理解历史的多层含义，例如，广州市档案发展中心（广州市音像资料馆）开展的《广州市退役军人英雄模范》口述历史项目，通过对英雄模范的采访，揭示了英雄们的风采、精神面貌，能够教育我们学习英雄们的爱国情怀，进而增强对国家和民族的责任感。

口述档案还具有启示性，因为它们能够激励人们对历史进行深入的思考。通过生动的媒介呈现历史事件的轨迹，引领人们深入地探究分析，从而提升对历史现象的理解能力。“口述档案的整理与保存，正是给了他们一个将他们的历史资料文字化的条件与机会。利用表述的机会，他们将这些历史进行了还原，并且使这些历史更加丰富、更加生动”[55]与传统的文献资料相比，口述档案以更接近生活、更接近普通人的方式，展现了历史的另一面，即普通人的生活状态、思想观念和社会变迁。这种“以人为本”的历史叙述方式，不仅补充了传统历史记录中的不足和缺漏，而且为研究者提供了一个全新的视角，使他们能够从更为贴近现实的层面去理解和解读历史。

口述档案同样具有引导性，因为它能够有效地呈现历史人物形象。通过艺术性表现，以多样的方式展现历史事件，有助于人们建立对历史事件中人物特征的深入认识，增强对历史事件的体验。例如，广州市档案发展中心（广州市音像资料馆）的《抗疫战士》口述档案系列，采访新冠疫情中抗疫人士的口述档案，提供了他们不同的身份背景和经历，展示了他们的视角、声音，有助于人们构建抗疫人士的英雄形象。

总之，口述档案具有教育性、启发性和引导性，能够展现生动的社会记忆。通过不同表现手法，口述档案生动地记录了历史事件的发展过程，发挥着教育启示的作用，还通过详细的情境描绘，展现了历史事件氛围。

综上，口述档案能够传承多元化的社会记忆，体现了不同群体、阶层、地域、民族、性别等多样化的视角声音，展现了社会记忆的丰富性。

（三）口述档案作为社会记忆的推动力

口述档案，这一独特的档案资源，以其信息的丰富度、载体的多样性和应用的广泛性，成为不断更新社会记忆的关键途径。它们能够记录社会变迁及人们需求变化对社会记忆的作用，展示记忆的时代性和生命力。口述档案在推动社会记忆方面有以下几个重要作用。

1. 丰富历史事件的解读角度

对同一历史事件，从不同的时间、地点、视角、立场等进行解读，能提供多元叙述，揭示事件多维性。

口述档案以口头叙述的形式记录下来的录音、录像、文字等，是基于口述者的亲身体验，是对历史事件的直接见证；基于口述者的个人观点，展现了他们对历史的价值评判；凭借其独特的方式，揭示历史事件多样化声音。例如，口述档案能够帮助我们全面深刻理解抗日战争。抗日战争不只是中国近代史中一次艰苦卓绝的民族解放斗争，而且也是全球抗击法西斯力量中最早开始、持续时间最久、规模最庞大、影响最深远的战争之一。对于抗日战争的经历，不同的见证者都有其独特的故事。通过深入采访，我们能够更深入地理解抗日战争的方方面面。例如，采访参加过八路军、新四军等抗日武装力量的老兵，我们可以了解到他们在游击战中破坏敌方交通线路、攻击敌方阵地、动员老百姓参与抗战等方面的重大贡献，为我们提供了抗日武装力量在战争中承担关键角色的珍贵资料。

2. 情感共鸣的更新媒介

“口述历史档案，以平民的视角为切入点来回顾和重现历史，积累和沉淀了深厚的大众情感，也是民族情感不可分割的一部分。”[56]口述档案为我们提供了关于历史事件的丰富情感。历史事件不仅是在过去某个时刻发生，它们同样携带着人类的情绪。在不同的年代、社会群体、文化背景之下，对于同一个历史事件的感知是多样化的，这为这些事件注入了独有的情感色彩。因此，我们有必要持续更新对历史事件的情感共鸣，以深刻地感受那些历史瞬间。

口述档案能够更新我们对历史事件的情感共鸣，因为它们提供了一种更直接鲜活的体验。“口述历史档案不是与历史同步生成的，而是当事人对亲历、亲闻、亲见的历史事件的回忆实录。在口述采访过程中，由于受到采访者设定的问题以及当时的立场、态度、情绪等因素的影响，口述历史档案难以剔除当事人主观的看法、观点和判断，因此，可以说口述历史档案不可避免地融入了个人的情感因素，具有某方面的情感价值。”[57]这些档案依托口述者的个人感受，捕捉了他们对历史事件的情感反应。口述档案同样根据口述者的不同生活背景，展现了他们对历史事件的独特视角。

3. 丰富历史事件的时代内涵

“口述档案以大众记忆的形式存在，对于研究历史者来说，了解并且深刻地去认识历史事实，就需要对这些存在于人们口头的历史资料进行结合现实社会生活的抽丝剥茧、添枝加叶的研究与整理。”[58]针对同一个历史事件，在不同的时代背景下，提供新的理解，强调了历史事件与当前社会进步、人们需求的互动关系及其影响。口述档案能够赋予历史事件新的时代意义，因为可以灵活、创新地解读。口述档案基于口述者的知识积累，是对历史事件的深度理解。口述档案还基于口述者的个人情绪反应，展现了他们对历史事件的情感投射。口述档案也根据口述者的不同社会背景，呈现了他们对历史事件的多元声音。例如，借助口述档案，我们有机会重新审视互联网技术这一历史性变革对时代的深远影响。自20世纪末期到21世纪初期，互联网技术兴起并飞速发展，如今已经成为社会中应用最广、影响最深远、变革性最强的技术力量。面对这样一个历史性的技术现象，不同时间环境下的人们对其有着各自的认识，这反映了互联网技术与当代社会进步之间不断演化的关系。通过与互联网技术研究者等群体进行口述档案的采访，我们能够采集到更丰富的关于互联网技术的发展应用第一手资料。例如，对互联网技术的革新者进行深度访谈，可以详细了解他们在网络系统架构等领域的创新成果，如他们设计开发的新技术，为我们的社会记忆增添了关于互联网技术创新历程的宝贵资料，有助于我们理解互联网技术是如何从提供基础功能拓展到多元应用的。通过对普通用户进行采访，我们能够深入了解他们在互联网娱乐上体验到的服务模式，展示互联网技术如何在应用层面改变个人的日常生活，帮助我们理解互联网技术如何在根本上改变我们的生活方式。通过与技术研究者进行对话，我们可以探讨他们在网络治理、数字文化等方面遇到的挑战，记录他们在应对新问题中采取的策略。另外，还有《河南省周口市川汇区基层卫生变化的亲历者》《上地医院·心动有声》《个人史之病残篇》《基层卫生变化的亲历者》等口述资料，也能更新社会记忆，反映社会的变迁、人们需求的演变对社会记忆的塑造，彰显记忆的时代特性。

二、口述档案对社会记忆的形成和变迁的影响

口述档案，作为一类独特的档案资源，承载和传承社会记忆，还对社会记忆的构建和演化产生深远影响，具体体现在以下几个方面。

（一）口述档案可以影响对历史事件的认知

历史事件或现象构成了社会记忆的核心，它们映射出一个时代或地域的特色、变迁与进程。对这些事件或现象的理解和评估构成了社会记忆的基础，它们塑造了记忆的质地、方向与价值观。作为独特的历史资料来源，口述档案提供了不同的视角信息，从而塑造对历史事件的理解。

1. 口述档案提供了真实生动的历史细节

“口述档案通过当事人对自身的个人记忆加以阐述和表达，追忆

有历史意义的重大事件，既直观地展现了具体细节，又形象生动地重现了一个个难忘的历史瞬间，涉及了政治、经济、科技等各个领域学科，充分展现了社会的多方面，真实反映和还原了当时历史现状和社会面貌。”[59]历史细节是在一定的时空背景下所发生的具体事件，它们构成了历史研究的基础。然而，这些细节并非一成不变，而是随着时间的流逝、资料的积累和观点的变化而变化。口述档案作为直接来自历史见证者的第一手资料，提供的历史细节更加真实生动，为补足其他档案文献所展示的历史细节提供了新视角。

首先，口述档案提供了更广泛多样的历史细节。口述档案的个体性、主观性和动态性特点，使其在历史的细节上具有无可比拟的优势。这些档案记录了不同的个体在各自的环境背景下对相同的历史事件所持有的亲身体验，揭露了这些事件的多维性、复杂性。这样的多元化细节能够补充其他档案文献中可能忽略的信息，使得对历史事件的描述更加全面立体。个体性使得口述档案能够覆盖传统档案难以触及的“小民历史”或“个体历史”。

其次，口述档案提供了更加真实的历史细节。这些档案映射了历史见证者对于历史事件经过的直接证言，揭示了事件的真实面目。这些真实细节能够纠正其他档案文献中可能存在的误导，从而展现出更为精准客观的历史情景。

最后，口述档案提供了更加生动的历史细节。这些档案展示了历史见证者对历史事件的情感体验，展现了事件的情感维度。这些生动的细节是其他档案文献枯燥、单一的内容所不具备的，使得历史事件更具吸引力。在广州市档案发展中心（广州市音像馆）的《光荣在党50年》口述档案采集项目中，“采集组采访对越自卫反击战老战士时，对他在高平战役中身先士卒，灵活指挥，摧毁敌方3个火力点的战斗细节、心理变化等内容进行了深入探查，使事件细节得到完整记录”[60]。

2. 口述档案可以提供更深刻、更全面、更有意义的历史解释

“历史解释就是使过去的人和事变成可以理解的知识的过程”[61]，然而，在历史解释的过程中不断有新的问题被提出，新的史料被发现，新的研究方法被探索。口述档案作为一种具有说服力的历史证据，可以提供不同于其他类型档案文献的论证，从而影响对历史事件的解释。

一是口述档案可以提供更深刻的历史解释。口述档案可以从微观层面探究历史事件对个人生活的影响，从而揭示历史事件背后隐藏的动机。这些深刻的历史解释可以为其他类型档案文献所忽视的方面提供深入细致的分析，从而使历史事件呈现出更丰富的层次。

二是口述档案可以提供更全面的历史解释。“口述档案作为具有珍贵史料价值的‘活档案’，为进一步开展相关研究提供史料补充，从侧面反映了社会面貌，真实展现历史事实，将口述档案资源转变成动态的信息源，进一步释放与传播档案文化价值。”[62]口述档案可以从宏观层面探究历史事件与社会、文化、政治等其他因素的关系，从而揭示历史事件的背景、条件、影响。这些全面的历史解释可以为其他类型档案文献所简化的方面提供补充，从而使历史事件呈现出更广泛的视野。例如，通过收集改革开放中民营企业家的口述档案，揭示他们与社会变革、政策制定、市场竞争等其他因素的互动等。

三是口述档案可以提供更有意义的历史解释。“口述历史档案……也能更为形象地说明当时的历史情形，这也就是正史和国家档案是整个

历史的‘筋骨’，而口述历史档案就成了历史的‘肌肉’，这样才能使历史更加‘健壮’。”[63]口述档案可以从价值层面探究历史事件对人们的影响，揭示历史事件的意义。

总的来说，口述档案提供的历史解释可以影响历史事件认知，从而影响社会记忆的形成变迁。口述档案可以从多个层面展示历史事件的内在与外在联系，为社会记忆提供更高质量的内容。

（二）口述档案可以影响对历史事件的理解

理解历史事件是构建社会记忆的根基，它们映射出社会的自我认同和价值观。这种理解形成了社会记忆的实质，决定了记忆的影响力。口述档案提供了不同于其他档案文献的表达方式，塑造了对历史事件的深层理解。

1. 口述档案可以提供更丰富的历史视角

口述档案作为历史研究中的一种宝贵材料，为历史视野的拓展提供了多样化、立体化和深层化的视角。所谓历史视野，它涉及观察、分析以及评价历史事件或现象时所运用的视角、方法和理论框架，它们是进行历史研究不可或缺的基础工具与手段。历史视野不是静止不变的，而是随着时间的推移、资料的丰富和观点的更新，它们可能会经历扩充、调适或者转换。由于口述档案直接来源于历史的亲历者或见证者，它们能够带来更加多元和立体的历史视野，从而增加、调整或重构其他档案或文献所展示的历史视角。

首先，口述档案能够提供更为立体的历史视野维度。它们从时间进程、空间分布、参与主体等多个维度描绘历史事件，呈现出一个更为完整的历史画面，有助于弥补其他档案文献中存在的缺失，使历史事件在一个更为宽广的背景下得到展示。

其次，口述档案能够提供更为全景的历史视角。它从多个角度审视历史事件，揭示出其更为丰富的意义，有助于深化其他档案文献分析，使得对历史事件的理解更为彻底。

最后，口述档案能够提供更为细微的历史视角。它能够从多个层次探索历史事件，揭示出更为多样的特征，能够区分其他档案文献可能混淆的方面，使得历史事件展现出更加鲜明的特点。例如，广州市档案发展中心（广州市音像资料馆）采访《万里南下》的作者陶某，通过参加过战争的宣传员的口述档案采访，我们可以从个体层面认识她在战争中的角色、所做的贡献。

2. 口述档案丰富历史情感深度

历史情感指人们对历史事件所持有的情绪、态度、评价，它是推动历史研究的动力。历史情感并非恒定，而是随着时间的流逝、资料的积累而变化。“口述历史档案是当事人亲历过事件过程的真实再现，是珍贵的历史片段的凝固和定格，寄托着当事人发自内心的对于历史事件、人物的难以释怀的感情。”[64]因此，口述档案，因其独特的感染力，能够提供一种更为丰富、更为强烈、更具个性的历史情感体验，进而体现其他档案文献所难以表现的历史情感。

首先，口述档案能够捕获历史见证者的丰富情感。这些档案不仅仅是文字的记录，它们还反映了那些亲历者对于历史事件的直接情绪反应，包括喜悦、愤怒、悲伤、惊异等多样化的情感体验，展现了这些历史事件对于个人生活、思想情绪产生的深刻影响。这些情感细节为档案文献增添了生机，令历史事件变得更加引人入胜。比如，通过对科学家进行口述档案的采访，我们可以更加生动地理解他们的日常生活以及他们取得的成就。

其次，口述档案能够传达更加深刻的历史情感。它详细记录了历史见证者对历史事件的态度，比如他们的赞美、批评、同情、愤慨，这些情感展现了这些历史事件对于个体价值观产生的塑造作用。这些强烈的情感体验为其他档案文献内容提供了重要补充。在凤凰卫视的《口述历史》栏目中有一期提到，一位曾在第二次世界大战中担任美国援华志愿航空队队员的老人，漂洋过海来到当年短暂停留过的空军作战基地四川，为的是寻回人生中最辉煌的战斗经历和最凄美的爱情回忆。触景生情之时，老人曾几度哽咽。此时的口述历史档案饱含着老人对那段往事的刻骨铭心，是一种深切的情感寄托。[65]

最后，口述档案能够展现更加独特的历史情感。“口述历史档案是当事人亲历过事件过程的真实再现，是珍贵的历史片段的凝固和定格，寄托着当事人发自内心的对于历史事件、人物的难以释怀的感情。”[66]它们详细记录了历史见证者对于历史事件的个性化表达，包括他们的言语选择、声音的抑扬顿挫以及肢体语言，这都揭示了这些历史事件对个体个性、风格、气质产生的影响。这些独特的情感体验与其他泛化的档案文献相比，有更为清晰的个性特征，使得历史事件更具特色。

总而言之，口述档案提供了一种更为丰富、更为强烈、更具个性的历史情感维度，从而深化了对历史事件的理解，进而影响社会记忆的构建。口述档案通过多维度展示历史事件的感染力，为社会记忆提供了更丰富的表达。

（三）口述档案可以改变人们对历史事件的态度和观点

社会对历史事件的态度和观点构成了社会记忆，反映了社会群体如何看待过去、现在和将来的联系。这些态度、观点是社会记忆的外化，它们是社会记忆传递交流的基础。作为一种历史证据，口述档案能够提出与其他档案文献不同的论据，从而改变人们对历史事件的态度、观点。

1. 口述档案激发了人们对历史事件的兴趣

口述档案，作为一种鲜活直观的历史资料，可激发人们对历史事件探索的兴趣、参与的热情。兴趣是历史研究的动力之一，影响人们对历史事件的关注度。生动的口述档案能增强人们对历史事件的兴趣，进而推动对历史的深入钻研。

首先，口述档案通过记录更为多元、真实、生动的历史细节，以及提供更有洞察力的历史解读，有效地促进人们对历史事件的深入了解。这些历史事件往往是公共记忆的一部分，与人们的日常生活紧密相关。通过采集并利用口述档案，我们可以加深对历史事件的认识，从而加强个人的认同感。

其次，口述档案通过提供新颖的历史信息，激发人们发掘历史事件的探索精神。通过挖掘口述档案中被遗忘的历史片段，从而扩宽视野。例如，广州市档案发展中心（广州市音像资料馆）的《广东省非物质文化遗产传承人》口述档案采集项目中，许多民间艺术家在自己的领域内创作了无数精彩艺术作品，为广东文化的繁荣作出了不容忽视的贡献。然而，这些民间艺术家的创作往往未曾得到完整保留。广州市档案发展中心（广州市音像资料馆）通过对非遗项目的抢救性采集，记录了大量关于非物质文化遗产代表性传承人的创作思路和创作过程。这些容易被忽略的个人生命史丰富了对中国文化的理解。

2. 口述档案是促进历史对话与共鸣的宝贵资源

口述档案作为历史研究中的一项独特且富有生命力的资源，承载着丰富的历史信息和深刻的个人见解。它不仅记录了历史的亲历者的声音，更成了促进历史对话与共鸣的宝贵桥梁。

首先，口述档案以其真实、生动的历史细节，为公众提供了深入了解历史事件或现象的窗口。这些档案中的叙述和见解，往往能够激发人们对历史事件的兴趣和好奇心，促使他们开展更加广泛的讨论和对话。通过这种交流，人们能够相互分享对历史的理解和感悟，进而形成对历史事件或现象的共同认知和评价。

其次，口述档案在揭示和传播未曾广泛知晓的历史事件方面发挥着重要作用。这些档案中蕴含的新颖、吸引人的历史资讯，为公众提供了探索历史的新视角和新途径。通过这些档案的分享和交流，人们能够挖掘出那些被遗忘的历史片段，发现它们与自己的生活、思维情感之间的关联，从而加深对历史的理解和共鸣。

（四）口述档案可以改变人们对历史的思维方式

口述档案，作为一种依托于口述言语和声音的档案类型，展现了其独有的表现力和传达效果。相较于其他档案形式，口述档案在记录和展示历史参与者的情绪、心态、动机、意向、观念、价值等内在要素，以及历史情境、社会关系、文化背景等外在要素方面更具优势。这些要素共同构成了历史的丰富性和多元性，也是人们理解历史的基础。

借助口述档案，人们能够直接从原始资料中提取历史信息，而非仅依靠二手的转述或诠释。口述档案是主体有目的地对当事人进行采访的结果，口述历史档案内容反映的均是当事人的亲历、亲见和亲闻。这有助于防止或降低信息在传播过程中的扭曲、偏差、简化或误解。口述档案同样提供了与历史参与者直接对话的机遇，使人们得以聆听历史参与者的真实声音，感知他们的情感波动，认识他们的思维世界，从而提升人们对历史的参与度。

口述档案从广阔视角深入审视分析历史事件。口述档案覆盖了从政治、经济、社会、文化等宏大的层面，到细微的个人家庭方面的历史内容。这些内容相互补充、对比鲜明，共同勾勒出一个立体完整的历史画卷。同时，口述档案还揭示了历史见证者之间的个体差异，如年龄、性别、地域、社会阶层、职业、教育背景等因素所造成的不同观点。正如“口述历史档案叙述主体的范围涉及了市民、工人、农民以至于官员等社会上的各个阶层，因而可以说，它延伸到了历史的新领域，还原了历史的真相和补充了历史的空缺”[67]。这样的差异性激励着人们去进行更加广泛的历史讨论。

此外，口述档案能够为人们提供一种动态发展的视角来观察历史事件的演变。口述档案记录了历史事件发生时的具体情况，还记录了这些事件随时间发展对历史见证者造成的影响。研究口述档案，人们得以追溯历史见证者在不同时间段对同一事件的看法，并分析这些记忆之间的变化。

1. 口述档案对历史知识的构建

口述档案对历史知识构建的影响是显著的。作为一种基于语言、声音的档案形式，它有其独特的表现力。相较于其他类型的档案，口述档案更能展示历史事件背景、脉络、起因、结果等多方面信息，以及这些信息之间的逻辑关系。这些信息的汇集为历史的完整性、连贯性提供了坚实的基础，也构成了人们理解历史的关键要素。

首先，通过口述档案，人们可以直接从第一手资料中获取历史知识，有助于减少知识传递过程中可能产生的误解。同时，口述档案提供了与历史亲历者直接对话交流的路径，使人们能够听到亲历者的叙述，理解他们的思考模式，从而增强对历史的理解。在广州市档案发展中心（广州市音像资料馆）的《光荣在党50年》口述档案采集项目中，“先后12次组织党员干部现场观摩《光荣在党50年》等红色口述档案采集过程，使党员干部近距离接受红色文化熏陶和洗礼，在交流互动中感悟伟大建党精神”[68]。

其次，通过口述档案，人们可以从多个维度获取并整理历史知识。口述档案既包括了时间、地点、事件、人物等基础知识，也包括了政治、经济、社会、文化等多个领域的知识。“口述历史档案则是将保存人脑中的记忆以录音录像形式的载体保存下来，它是一般档案的补充。通过口述历史档案可以完善文件档案，突破文件资料的局限性，展现历史真实的背景，对文件资料进行佐证，让历史接近真相。”[69]这些知识可以相互关联并整合，构建出一个系统化的历史知识网络。

2. 口述档案可以改变人们对历史的价值判断

口述档案，这种基于历史参与者的个人经历和情感的档案类型，展现了其独特的价值内涵和传递效果。与其他形式档案相比，口述档案在揭示和体现历史参与者对于历史事件或现象的态度、见解、评价、意义等价值层面，以及这些价值观念与历史参与者的身份、地位、利益、信念等价值导向的联系方面更为突出。这些元素共同反映了历史的主观性和解释多样性，也构成了人们进行历史评价的关键。

首先，通过口述档案，人们能够直接从原始资料中提炼历史价值，这可以避免价值观在传递过程中的曲解。同时，口述档案提供了与历史见证者直接对话的机会，使人们能够直接听取历史见证者的评述，理解他们的价值取向。

通过口述档案，人们可以从多角度深入对比历史事件。口述档案既有从宏观角度看待事件的正面、负面评价，也有从微观角度观察的个人的观点。这样的评价系统可以进行相互验证，从而形成一个更均衡客观的历史评价框架。

进一步地，口述档案使人们能够以一种动态演进的视角审视历史事件。这些档案记录了事件发生时的价值判断，还追踪了这些事件随时间演进对历史见证者价值观的影响变化。有助于我们认识到，历史价值观是发展的，随着时间的流逝，它们也会不断地演化更新。

3. 口述档案可以改变人们学习历史的方法

与其他档案类型相较，口述档案更擅长提供和推动历史参与者对历史事件或现象的观测、记述、回顾、共享、讨论与反省等学习过程，并展现这些过程与历史参与者的兴趣、动力、目标、方法、成效等学习要素之间的联系。这些元素共同构建了历史的学习潜力与教学价值，也是人们进行历史学习的重要基础。

首先，口述档案开启了直接从原始资料深入探索历史的途径。这种直接接触的方式有利于消除学习过程中可能出现的被动接受、缺乏参与感或学习效果不佳的情况。更重要的是，口述档案建立了一个与历史亲历者进行直接对话交流的通道，让人们有机会直接听取他们的见证，体验他们的经历，深入了解他们的反思，从而唤醒和增强个人对历史学习的热情。在广州市档案发展中心（广州市音像资料馆）的口述档案采集过程中，工作人员将多种红色主题的口述档案采集项目作为红色历史教育的素材，让党员近距离与历史见证者互动，让红色文化入脑入心。

其次，通过口述档案，人们得以从多角度和多层面进行并提升历史学习。口述档案涉及知识性、技能性、态度性等学习层面，同时也融入了情感性、价值性、意义性等学习维度。这些学习层面相互促进，共同达成全方位且优质的历史学习成效。

总之，口述档案能够引领人们改变历史学习的方法，使人们能从一个更真实、多元、全面动态的视角优化历史学习模式，从而提升人们的历史学习水准。

（五）口述档案可以影响历史事件或现象的传播和传承

1. 口述档案改变历史的传播方式

口述档案是联系历史、当下与未来的记忆桥梁，有力地促进或变革了历史的传播方式，它能够记录那些文字档案难以捕捉或未能详尽记录的信息，比如历史当事人的心理状态、情感体验、动机意图、行为决策等，使得历史的呈现更为直接、形象、真切，提升了历史叙述的感染力与说服力。口述档案来源于口述者的直接经历，反映了他们对历史事件的亲历见证。口述档案同样源于口述者的个人情感，表达了他们对历史事件的情感投射。口述档案还基于口述者的独特身份背景，揭示了他们对历史事件的独到见解。

例如，通过访谈互联网行业的标杆人物，如马克·扎克伯格，能够深入了解他创立、管理全球最大社交平台Meta的动因、过程、成效。这些信息为社会记忆提供了展示个人梦想与社会需求结合的互联网技术创新史料，也为社会记忆呈现了个人才华与社会价值融合的互联网技术创新面貌。这些信息有助于人们理解互联网技术如何提供更便捷、高效、多样化的社交模式，并激发对互联网在社交领域的未来发展的思考。

通过深入访谈互联网技术的日常用户，我们能够洞察他们在使用互联网进行购物、娱乐、教育等活动时的新奇体验、新颖服务以及创新模式。这一过程中搜集的信息，为我们编织了一张展示个体需求与社会资源如何在互联网应用历程中实现匹配的史料网，同时，这也揭示了个人满意度与社会发展是如何在互联网应用的推进中相互促进的。这些珍贵的信息资料极大地丰富了人们对互联网技术能够如何提供更为丰富、多元与个性化生活方式的认知，并且激发了对互联网在未来生活各领域应用及其优化的广泛期待。

通过与互联网技术研究者的深入对话，我们得以探讨他们在面临网络安全、伦理道德、文化多样性等领域的挑战、困惑和应对策略。从这些对话中得到的信息，为我们构建了一个展示个人责任与社会责任如何在互联网技术研究中协同前进的历史资料库，同时也展现了个体智慧与集体智慧如何在互联网技术研究的进程中实现融合。这些敏锐的洞察推动人们深化了对互联网技术引发的深层次思考和反思，同时也激发了公众对互联网未来在社会领域影响及其所承担责任的广泛关注。

综上，口述档案因其能够记录文字档案所未能涵盖的深层信息，如历史当事人的心理状态、情感体验、动机意图、行为决策，极大地促进或变革了历史事件或现象的传播方式。口述档案是口述者的亲历见证，也是他们的情感表达和价值判断，更是他们不同身份和背景下的独特视角和声音的展现。

2. 口述档案深化历史与当代社会的互动

通过口述档案，人们加深了对历史事件或现象与当代社会进展及公共需求之间联系与交互作用的深刻认识。这些历史事件或现象是过往发生并带有显著影响力的事项，而且构筑了社会记忆的基石与传递媒介。这些元素与当下社会的向前推进及民众的需求有着不解之缘，它们为现代社会铺设了发展的底层逻辑与起点，同时也指明了社会前进的动力与方向。历史与现实的联结并不是一成不变、单一维度或明确无疑的；相反，它是一个充满变动、多元化和不确定性的动态过程。在不同的历史时期、社会背景及群体特征下，历史事件或现象与当代社会发展及人们需求之间的相互作用表现出各式各样的变化和特性，这些变化进一步塑造了人们对这些历史事件或现象的理解和评价。

口述档案通过呈现更加丰富和综合的信息，促进了人们对历史事件或现象的多维度审视，触发了对现代社会议题及挑战的深思和积极响应。这些档案源于叙述人的直接经历或知识基础，提供了对历史事件或现象的直接见证和深层认识。同时，口述档案亦反映了口述者的个人情感和观点，展示了他们对于历史事件或现象的情绪回应和价值判断。此外，基于口述者的独特身份或背景，口述档案揭露了对历史事件或现象的多元视角和声音。

例如，广州市档案发展中心（广州市音像资料馆）实施的《抗疫战士》口述档案采集项目，通过口述档案勾勒出新冠疫情这一重大历史事件与当前社会发展及公众需求之间的联系和影响。通过采访疫情中的患者、医护人员、志愿者、市民等不同群体，我们能够获得更多元的信息，如关于疫情的牺牲、成果、挑战和感悟。通过对康复患者的访谈，我们能够了解他们在疫情中的恐惧、绝望、希望和庆幸，为社会记忆提供了关于患者面对生死和重获生机的见证，同时展现了他们在逆境中的坚韧与乐观。这些信息增进了我们对新冠疫情影响的认识，还激发了我们对疫情防控和医疗支持的关注。

通过深度访谈在抗疫前线的医护工作者，我们能够亲身体会到他们在对抗这场疫情过程中遇到的困难、挑战、无助感以及他们所抱持的自豪感。这些生动的叙述成为社会记忆中不可或缺的部分，记录了医护人员面对疫情挑战时的责任感和他们救死扶伤的努力，并且凸显了他们的无私奉献和卓越的专业精神。

通过采访那些投身于志愿服务的人，我们得以详细记录志愿者在疫情中的支援行为，并彰显了他们的良善本性与强烈的社会责任感。这些信息加深了我们对社会贡献价值的认识，并促进了社会对志愿者工作的支持。

对普通市民的访谈，我们可以了解他们在疫情中的不便、牺牲、理解、支持，这些信息为社会记忆提供了关于市民在疫情中保护自己、他人的记录，展示了全社会的团结合作精神。这些信息促进今后重特大事件发生时，对应对措施的理解与配合。

3. 口述档案揭示历史多维度

口述档案使人们有机会通过多样化的视角深入探索和理解历史事件或现象。这种档案形式通过展示不同人群在历史征程中的直接体验、情绪响应以及观点的多样性，促使我们跨越传统的叙事框架，进而揭示历史的深度和多维度。口述档案是口述者亲身经历或见解的载体，展现了他们对特定历史事件或现象的情感联结和价值判断，而且依据口述者的个人身份或生活经历，展示了对历史的独到理解和个性化声音。

例如，口述档案能够从多角度理解奥运会这一历史性的体育盛事。奥运会是全球规模最大、最具盛名和影响力的体育赛事，它也是人类文明交流和文化互鉴的重要场所。在不同的时代、国家、运动项目中，奥运会所引发的体验、情感和见解各不相同，反映了其内在的复杂与多样。通过口述档案对奥运会的参与者、观众、组织者等不同角色的访谈，我们可以收集到关于奥运会背景、流程、成果、意义等更为全面的信息。广州市档案发展中心（广州市音像资料馆）在《名人档案》口述档案采集项目中，通过采访奥运会的参赛者周杨静，记录了她参赛的历程。这些资料成为社会记忆中关于运动员在追逐梦想、面对挑战时的生动叙述，同时展示了他们在竞技场上的才华。通过采访奥运会的观众并整理其口述档案，我们得以深入了解他们的观赛经历，丰富了社会记忆库，详细记录了观众在各类体育比赛中体验到的激情与快乐，也体现了广大人民群众的凝聚力。

三、口述档案在社会记忆研究中的应用

口述档案在社会记忆研究中占有重要地位，它是一个跨越学科界限的研究分支，在这个研究领域，研究者运用多样化的方法来搜集、分析、诠释口述档案的相关信息。

（一）口述历史法

口述历史的实践方法主要是通过采访的方式，收集个体经历。1948

年，美国历史学家艾伦·内文斯在哥伦比亚大学提出这种研究方法，目的是弥补传统历史记录中的空白。口述档案特别强调采访者与受访者之间的互动交流。通过口述历史方法，研究人员能够深入探索社会记忆的多个维度，如个人记忆、社会记忆、公众记忆、官方记忆等。

口述历史的优势，一是能够获取未被其他档案形式记录的历史信息；二是能够揭示历史参与者的主观体验，以及他们对历史事件的理解；三是能够揭露历史事件的多样性。既然是一种研究方法，那么必然有其局限性，口述历史也不例外，其局限性主要表现在几个方面：一是需要大量的时间、精力、资源来完成整个过程，国家档案局出台的行业标准《口述史料采集与管理规范》对此做了详细规定，包括进行访谈、录制、整理、存储等环节；二是口述历史采集者需要具备专业的访谈技能，以防对受访者造成心理伤害或引导错误，比如广州市档案发展中心（广州市音像资料馆）需要申请编制，特别招收播音主持专业的毕业生作为口述历史采访的主持人；三是研究者需要具备出色的分析能力，以避免在解读访谈内容时产生误解，这就对研究者的素养提出了较高的要求；四是有效地传播口述历史内容，需要找到合适的方式和平台，以确保访谈资料能够得到有效的利用。

口述历史的适用场景包括：（1）研究那些未留下书面等其他档案形式的历史主题或事件，如民间对抗战的记忆；（2）关注那些被边缘化或被忽视的历史群体；（3）涉及个人情感、价值观或身份认同的历史主题或事件，如移民经历、战争记忆、灾难影响等；（4）存在多种视角的历史事件。

美国国会图书馆的“老兵历史项目”是运用口述历史法的一个典

范。这项计划自2000年起由美国国会通过立法实施，它致力于搜罗和保留来自美国参与的各场战争中老兵与平民的口述历史记录，这些记录包括了书信、日记、照片以及影像等相关档案材料。该项目的宗旨在于向大众揭示老兵和平民在战争中的亲身经历和作出的贡献，同时传达他们对于战争与和平的看法及情感体验。项目的亮点和成果体现在几个方面：首先，项目采取了开放式的访谈方式，允许任何人，无论是志愿者、学生还是教师，只要遵守一定的规范，就可以对老兵或平民进行采访；其次，项目内容覆盖了从第一次世界大战至当代的广泛战争，涉及不同军种、职务、性别、种族和民族的老兵和平民；再次，项目注重对采访资料的长期保存与广泛传播，通过建设网络平台、出版图书、制作影像资料等多种方式，使得这些珍贵的口述历史能够被人们广泛访问与利用；最后，项目致力于推广和实现社会记忆的多元化和包容性，通过呈现不同群体在战争中的不同角色和贡献，以及他们对战争持有的多样化和复杂观点，促进社会对老兵和平民的尊重与理解。

（二）叙事分析法

叙事分析是一种研究方法，它通过解读个人口述的故事叙述，以获得社会记忆。故事叙述构成了人们理解周围世界的基础，通过讲述个人故事，人们不仅在构建自己的社会记忆，而且也在影响他人的社会记忆。这种分析方式强调口述内容语境进行综合性分析，并探究叙述与社会现实之间的相互关联。

叙事分析能够揭示人们是如何通过叙述来解释他们的历史记忆，如何利用叙述来表达自己的价值观念，如何通过叙述来塑造自己的社会关系，如何通过叙述来应对社会变迁。

叙事分析需要研究者具备丰富的文化背景知识，才能够准确解释来自不同文化语境的叙述内容，需要研究者采用多种理论方法，适应不同学科领域对叙述的不同定义。为避免对叙述内容进行主观评判，还需制定合理的评估标准。

叙事分析适用的情境包括：（1）研究以故事形式表达或传承的社会记忆，如民间故事、神话、传奇等；（2）研究与个体或集体身份认同，或社会关系相关的社会记忆，如家谱、种族史、民族志等；（3）研究反映或影响社会变迁或冲突的社会记忆，如革命史、改革历程、抗争经历等。

叙事分析法的经典例证是"生命故事"模型。"生命故事"模型由美国心理学家丹·麦克亚当斯提出。丹·麦克亚当斯认为，人们通过讲述自己的生命故事来构建身份认同，并赋予自己生活意义，而生命故事是个人将自己的经历按时间顺序、主题关联、情感色彩编排成一个连贯、有意义的整体的一种方式，反映了个人对自己的过去、现在、未来的看法，也体现了个人对社会环境的理解。作为一种动态的表达形式，生命故事随着个体、社会变化而变化。对生命故事的分析有助于我们理解个体的社会记忆，以及他们如何在社会变迁中相互影响。

（三）内容分析法

内容分析法是一种对文本、图像、声音等口述记录材料进行系统、客观和定量分析的研究方法，旨在提炼和比较其中的主题、模式和特点等信息。美国社会学家伯纳德·贝雷尔森在1948年首次提出这一方法，用以分析众多的报纸、杂志、广播等传播媒介，目的是理解它们如何影响公共舆论和社会行为。内容分析法着重于对材料内容的编码和归类，以及对这些编码和归类结果的统计学解读。该方法能够从不同的维度和层次探索口述档案中的社会记忆，例如象征性记忆、话语记忆、叙述记忆等。

内容分析法的优点在于：（1）能够处理和分析大量的记录材料，提升研究的效率和成果；（2）能够以客观的方式测量和比较材料内容的特征和演变，减少研究偏误和错误；（3）能够揭露记录材料中的隐含或深层信息，加深研究的深度和宽度；（4）能够与其他研究方法和工具结合使用，如文本分析、图像分析、网络分析等，扩展研究的边界和视野。

内容分析法面临的局限性：首先，它依赖于明确设定的研究目标和精确界定的研究范围，这是为了确保选定的记录来源和样本选择的适当性；其次，为了有效提取和比较记录内容，它要求有一个科学的编码和分类方案；再次，为保证编码和分类结果的信度与实用性，需要采用恰当的统计学和解释学方法；最后，对记录内容进行准确理解和解释，必须有适当的理论知识和背景信息。

内容分析法的适用场景包括：对表现为文本、图像、声音等多种形式的社会记忆进行研究，例如书籍、报纸、电影、音乐等；研究涉及符号、话语、叙事等表达方式的社会记忆，如国旗、口号、故事等；对反映或塑造社会意识形态或文化价值观的社会记忆进行研究，例如政治宣传、宗教信念、民族情绪等；研究具有多个版本或变体的社会记忆，如历史教科书、纪念碑、博物馆展览等。

美国历史学家罗伊·罗森茨威格的《数字史学》一书是采用内容分析法的典型。罗伊·罗森茨威格通过深入分析美国历史相关网站的内容，探讨了互联网如何重新塑造历史研究和教学的方式。作者对这些网站的数量、质量和种类进行了评估，分析了它们所展现的历史主题、观点和价值倾向，对于理解数字时代互联网如何影响社会记忆的保持与传播及其与数字技术的相互作用，具有重大意义。书中通过系统的内容分析方法，全面地收集、分类、评估和比较了美国历史网站，强调了内容分析的客观性和定量性，运用了各种统计和图形工具展示历史网站的特点和发展。此外，书中通过深化内容分析的深度和广度，揭示了这些网站中隐藏的信息，比如历史理念、价值观、意识形态等，并结合其他研究方法和工具，如文本、图像、网络分析，拓宽了内容分析的应用领域和视角。

（四）案例研究法

案例研究是一种深入探讨口述档案中个体、群体、事件、现象的方法，通过详细地描述、分析阐释来挖掘其内在逻辑和规律。这种方法起源于20世纪初的美国社会学的芝加哥学派，其初衷是通过对城市社会的个案进行研究，揭示社会结构和变迁的动力学。案例研究注重案例的精心挑选、资料的搜集整理、最终的呈现分析，也包括对案例进行比较和泛化的过程。案例研究能够从事件记忆、地点记忆、物品记忆等多个维度深入研究社会记忆。

案例研究作为一种研究方法，其优点在于它能够提供对个体、群体、事件或现象的深刻理解，展现其内在的复杂性和唯一性。此外，它通过全面地描述案例，展示了案例的多维度和深度；案例研究在分析上表现出高度的灵活性，允许研究者运用不同的理论框架和研究方法，而且，它能够基于对特定案例的深入分析，提供富有洞察力的见解和实用的建议。

然而，案例研究也面临着若干挑战：首先，案例的准则和策略需要精心设计，以保证案例具有代表性和示范性；其次，案例收集的方法和来源必须有效，以确保所研究的案例是完整和真实的；再次，整理案例的方法和格式需要规范化，以保证案例材料的有序和易于理解；最后，案例比较的技巧和界定的范围需谨慎，以保证不同案例间的可比性和研究结果的普遍适用性。

案例研究适用的场景：（1）研究那些具有代表性或特殊性的个体、群体、事件或现象，如历史中的英雄人物、重大事件、独特现象等；（2）研究与特定事件、地点、物品相关的社会记忆，如纪念日、历史遗迹、纪念品等；（3）研究反映或影响社会议题或政策的记忆，如贫困问题、教育发展、环境保护等；（4）研究有多种解读或评价的社会记忆，如成功与失败的故事、荣耀与羞辱的记忆、正义与不公的议题等。

美国历史学家罗伯特·A.罗森斯通在其著作《历史上的电影》中，通过对10部以历史为主题的电影进行案例研究，探讨了电影作为历史叙述的特性和影响力。该书深入分析了这些电影所展现的历史内容、形式和功能，而且对比了这些电影与其他历史记录或资料的异同。这项研究对于理解电影在保存和传播社会记忆方面的作用，以及社会记忆与电影艺术之间的互动关系，提供了新的视角和见解。书中的特点和成果包括：（1）采纳了多元化的案例挑选标准和策略，包括不同风格、主题、时代背景的电影；（2）运用了有效的案例搜集手段和资料来源，包括电影本身的分析，以及对导演、演员、制片人等的访谈和研究；（3）遵循了规范的案例整理方式和格式，对电影进行了综合性的介绍、分析、评估和总结；（4）进行了细致的案例比较和范围界定，对电影与其他历史记录的比较，以及不同电影间的对比进行了深入探讨。

（五）结构解析法

结构解析法是一种研究方法，它侧重于识别、对比和阐释口述档案中个体或集体在思维和行为上所采用的结构，以此来研究他们的社会记忆和身份认同。结构是一种简化和组织复杂社会现象为有意义整体的认知模式，它是人们解读自身与世界的根本工具。结构解析法提出，人们通过应用多样的结构来构建展示自己的社会记忆，并且这些结构也会对他人产生影响。该方法注重分析结构的定义、种类、作用变化，并探讨结构与社会行为之间的相互作用。

结构解析法的优势在于：（1）能够识别和对比个体或集体在思维和行为上所运用的结构，揭示其背后的逻辑与模式；（2）能解析个体或集体如何通过结构来诠释自己的历史经历和记忆；（3）能探究和解释个体或集体如何利用结构来表达和沟通自己的价值观、信念和情绪；（4）能分析和解释个体或集体如何依靠结构来塑造和保持自己的身份认同及社会联系。

结构解析法的局限性：（1）需要明确的结构定义和分类体系，以确保结构解析的准确性和统一性；（2）需要敏感的洞察力和判断力，以准确辨识和对比不同的结构；（3）需要深厚的理论知识和背景了解，以科学分析和诠释各种结构；（4）需要合适的研究手段和工具，以高效地搜集和处理与结构相关的数据和信息。

结构解析法适用于多种研究场合：（1）有关思想、观点、意识形态等抽象概念的社会记忆；（2）有关行动、策略、社会运动等具体行为的社会记忆；（3）有关体现社会沟通方式的社会记忆；（4）有关多种解读的社会记忆。

（六）对照研究法

对照研究法是一种研究策略，它依靠比较口述档案中不同个体、群体、事件或现象之间的相似性与差异性及其相互作用，以发掘其背后的共性和特异性。这个方法学可以追溯到19世纪末的法国社会学家埃米尔·涂尔干，他提出通过对比分析不同社会结构和现象，以期揭示社会进化的普遍规律和变迁过程。对照研究法强调在进行比较分析时挑选适宜的对照组，制定科学的比较准则，运用恰当的比较技术，并深入解读比较结果。它使研究者能够从多角度和多层面探讨社会记忆，涵盖了跨时代、跨地理和跨文化的记忆研究。

对照研究法的优势：（1）能够揭示不同个体、群体、事件或现象间的相似之处与不同之处，提升研究的客观性与多样性；（2）能够阐释这些对象间的关联与相互作用，增加研究的深度与宽度；（3）能够探讨它们的共性与个性，提升研究的普适性与特殊性；（4）能够结合历史分析、文化分析、政治分析等其他研究方法与工具，拓宽研究视野与范围。

对照研究法的挑战：（1）需要合适的对照对象选择准则与策略，以确保比较对象的相关性与可比性；（2）需要科学的比较标准与方法，以确保比较过程的准确性与一致性；（3）需要恰当的比较结果解释与推广手段，以确保比较结果的信效性与实用性；（4）需要充足的理论知识与背景了解，以确保对比较对象间的相似性与差异性，以及它们的相互关系有正确的理解与解释。

对照研究法适用的情境：（1）研究存在于不同时间或空间的个体、群体、事件或现象，例如历史时期或地域差异；（2）研究不同文化或社会背景下的个体、群体、事件或现象，如不同国家或民族；（3）研究在不同条件或背景下的个体、群体、事件或现象，例如政治体制或社会环境的差异；（4）研究具有多种解读或表现形式的个体、群体、事件或现象，如来源或视角的多样性。

美国历史学家本尼迪克特·安德森在其著作《想象的共同体》中多次应用对照研究法。安德森通过比较不同国家的民族认同形成过程，探讨了民族认同的起源与演变及其对社会记忆认同的影响。作者对不同国家的相似性与差异性进行了分析，还探讨了它们之间的联系。此书对于理解民族认同与社会记忆之间的关系，以及它们与社会变革之间的联系，提供了重要的见解。书中有几个重要特点：（1）运用了多元化的对照对象选择准则和策略，包含了不同类型、规模、历史、文化背景的国家或民族；（2）采用了多学科的比较标准和方法，结合了历史、政治、文化等多种分析工具来比较不同国家或民族的民族主义和民族认同形成过程；（3）注重比较结果的解释和普及，提出了“想象的共同体”的概念，解释了国家或民族如何通过社会记忆构建和维系民族主义和民族认同；（4）结合了其他研究方法和工具，如文本分析、图像分析、语言分析等，丰富了比较分析的数据和信息源。

（七）史料综合法

史料综合法是一种通过系统性、批判性和全面性地分析口述档案中的社会记忆，以探讨其社会记忆和身份认同的研究手段。德国历史学家利奥波德·冯·兰克在19世纪中叶首次提出了这种方法，其目的是通过对历史材料的严格审查和批判，以展现历史的真实性和客观性。史料综合法重视对史料的挑选、评估、阐释及展现，并探索史料与当代社会实际之间的联系。该方法能够在多个维度和层面上探究社会记忆，例如实证记忆、意义记忆、伦理记忆等。

史料综合法的优点在于：（1）能够利用丰富的史料资源，提升研究的信度和权威性；（2）能够从客观的视角评估和对比各种史料，减少研究偏颇和错误；（3）能够深入阐释和理解个体或集体的历史经历和记忆，增强研究的深度与广度；（4）能够结合其他研究手段，如文献分析、图像解读、语言学研究等，扩大研究的边界和视角。

史料综合法的局限在于：（1）需要明确的研究目标和边界，才能选定恰当的史料来源和样本；（2）需要专业的考据和批评技巧，以确保史料的真实性和有效性；（3）需要恰当的解释和理解策略，以确保对史料内容的准确阐释和理解；（4）需要有效的展示途径和平台，以确保史料内容的有效传播和应用。

史料综合法适用的情境：（1）研究那些有着充分书面记录或其他形式档案的个体、集体、事件或现象，如政治领袖、社会运动、重大事件等；（2）研究那些涉及事实、意义、价值等抽象概念的社会记忆，如真相追求、正义诉求、荣誉感等；（3）研究那些反映或驱动社会变革或冲突的社会记忆，如革命、改革、战争等；（4）研究那些存在多种叙述或版本的社会记忆，如不同的来源或视角。

（八）符号解读法

符号解读法是一种对口述档案中主体参与的文化元素进行阐述、剖析和诠释的研究方法，旨在深掘他们的社会记忆和身份认同。英国文化研究学派在20世纪中叶首创了这种方法，其目的是通过对流行文化元素的深入研究，揭示构成社会结构和推动社会变革的力量。符号解读法侧重于文化的定义、种类、作用及其演变的剖析，并探讨文化与社会实际之间的相互关系。通过这种方法，可以从多个维度和层次深入探讨社会记忆，如象征记忆、话语记忆、叙述记忆等。

符号解读法之所以受到推崇，主要是因为其能深入揭示并理解个体或集体参与及所处文化的复杂性与多样性；该方法深掘个体或集体如何运用文化资源来诠释并传递其历史经验和记忆；它探讨了个体或集体如何通过文化表达来分享其价值观、信念和情感；它分析了个体或集体如何依托文化资源来塑造并维持其身份认同和社会纽带。

符号解读法面临的挑战：（1）需要明确的文化定义和分门别类，以确保文化分析的准确性和统一性；（2）需要敏感的洞察力和辨别能力，以精确地识别和对比不同的文化现象；（3）需要深厚的理论知识和背景了解，以妥当地分析和诠释各种文化现象；（4）需要恰当的研究手段和工具，以有效地搜集和处理与文化相关的数据和资讯。

符号解读法适用的情境：（1）研究那些通过符号、话语、叙述等方式表现和传递的社会记忆，例如民谣、神话、传说等；（2）研究那些包含行动、策略、社会动态等具体元素的社会记忆，如示威、集会、罢工等；（3）研究那些体现或塑造社会意识形态或文化价值的社会记忆，如政治口号、宗教信仰、民族情绪等；（4）研究那些存在多种诠释或表现形态的社会记忆，如不同的叙述来源或视角。

符号解读法在美国历史学家罗伯特·达恩顿的著作《屠猫狂欢》中有所体现。该书通过对18世纪法国流行文化中的若干案例进行符号解读，探索了法国社会中的社会记忆对社会变革的作用。书中详细叙述了18世纪法国流行文化中的各种象征符号，剖析了这些元素所反映的社会结构。此书为理解文化与社会记忆之间的联系提供了宝贵的见解。这本书有几个特点：（1）运用了多元化的文化分析手法，对18世纪法国流行文化中的案例进行了全面描绘；（2）强调文化分析的深度，解读了18世纪法国流行文化中的象征所反映的社会结构；（3）关注文化分析的动态性，分析了18世纪法国流行文化中的象征随着时间背景等因素的变迁，以及它们如何与其他文化相互作用；（4）结合了其他研究方法，扩展了文化分析的研究范畴。

第四章　口述档案与社会记忆主要问题分析

一、口述档案与社会记忆研究领域存在的问题

口述档案与社会记忆的研究是跨学科的新领域，它结合了历史学、社会学、文化研究、心理学、传播学等多学科的理论方法。其研究目标是通过口述档案的收集分析个体如何回忆过去，探讨记忆对当代、未来的影响。口述档案研究不仅具有学术意义，而且有助于揭示历史的多元性，促进不同群体间的对话，推动社会进步。

尽管如此，口述档案与社会记忆的研究也存在一些难题，主要来源于以下三个方面。

（一）概念界定和理论建构方面的问题

作为一个多学科交叉的领域，口述档案研究需要汲取和应用不同学科的概念理论。但是，这些概念理论在不同的背景下意义不同，有时甚至会出现概念上的重叠、对立。这为口述档案与社会记忆的研究带来了概念界定和理论建构上的难题，具体体现在以下几个方面。

1. 口述档案与社会记忆研究缺乏统一的定义和分类

首先，缺乏一个权威性机构来设定统一的定义。由于不同国家、地区、学科领域由不同的机构组织负责口述档案与社会记忆的研究，它

们之间往往缺乏有效的沟通协调机制，也没有建立一个共享成果的平台。这种情况导致了其定义在这一领域不统一。例如，“口述档案”一词在我国通常指：“国家机构、社会组织以及个人从事政治、经济、军事以及科技文化等活动中直接形成的，具有保存价值的，由事件当事人或事件亲闻者口述的，以标准方法采集的各种文字、声像形式的历史记录。”[70]而在国际上则有更广泛的含义，1984年国际档案理事会出版了《档案术语词典》，该词典将“口述档案”定义为：“为研究利用而对个人进行有计划采访的结果，通常为录音或录音的逐字记录形式。”[71]这就导致了口述档案研究在国内外之间存在差异和障碍，也影响了口述档案研究的质量和水平。同样，“社会记忆”一词也有不同的解释，有些学者将其视为“一个群体对过去共享事件所形成并通过各种符号系统传递给后代”的现象，有些学者则将其视为“一个群体在特定时间和空间中对过去共享事件所进行的选择性重构，并通过各种媒介进行表达交流”的过程。这就导致了在理解、分析、评价社会记忆时存在模糊、偏颇、混乱等问题。其次，口述档案与社会记忆研究受到各自历史、文化和社会背景的深刻影响，这些背景因素使得不同的定义体现出各自的价值取向。不同的国家或地区、学科或领域对口述档案与社会记忆的关注点各不相同，对它们的认知评价亦存在差异，从而导致定义和分类上的偏颇。再者，口述档案与社会记忆研究尚未发展为一个成熟稳定的学科领域，仍处于不断演进之中。随着科技进步和社会发展变化，研究可能涉及新的对象、内容、方法，也可能面临新的问题。这种情况要求定义必须不断调整，以适应新的发展。这个问题对相关研究有两方面的影响。第一，它影响了研究的一致性。由于缺乏明确的共识，研究者在理解应用“口述档案”与“社会记忆”这两个术语时会出现混淆，也妨碍了研究成果的比较性。第二，它影响了研究的有效性。不同研究者在分析评估口述档案与社会记忆时可能会因为观点的偏颇而犯错，这也损害了研究的可靠性。

2. 口述档案与社会记忆研究缺乏系统的理论方法

“截至2019年，全国开展口述档案采集工作的档案机构占到了半数以上。各地区档案馆纷纷根据地方特点或重大历史事件，开展了不同主题的口述档案采集项目，并取得了一定的成果。但采集过程中由于缺乏统一、规范的采集流程而导致的问题也越发突出。”[72]笔者曾在《红色口述档案采集利用的实践与探索——以〈光荣在党50年〉红色口述档案采集工作为例》一文中，对口述档案的采集利用工作做了一定程度探讨，但是由于篇幅所限，口述档案的整体研究还没有形成理论框架。而在社会记忆理论上面，“如果从1925年法国社会学家莫里斯·哈布瓦赫（Maurice Halbwachs）提出“集体记忆”（collective memory）一词算起，社会记忆作为一种理论已经历了近一个世纪的发展历程。在近一个世纪的发展中，尽管与社会记忆相关的研究不断涌现，但作为一种理论，社会记忆研究时至今日仍然是一个“缺乏固定范式的、没有中心的、跨学科的领域”[73]，成为一种缺乏体系化的理论。口述档案与社会记忆研究是一个新兴的领域，它还没有形成一个完整成熟的理论方法体系，而是借鉴运用了其他学科领域的理论方法，如历史学、社会学、文化学、心理学、传播学等。这些理论方法虽然有助于口述档案与社会记忆研究的开展，但毕竟不是专门用来进行口述档案与社会记忆研究的，必然存在一定的不适应，也存在一些局限性，如不能充分反映口述档案与社会记忆的特点，不能有效处理口述档案与社会记忆之间的关系，不能有效解决口述档案与社会记忆中存在的问题。因此，口述档案与社会记忆研究需要建立自己的理论体系，或者明确自己所借鉴运用的理论方法的前提，这样才能使研究更加有效。

其原因有几点：一是口述档案与社会记忆研究涉及不同学科，在研究方法上各不相同，在理解分析上各有侧重，那么在引入其他学科理论进入本研究领域会出现“不兼容”的情况；二是作为新兴研究领域，口述档案与社会记忆的研究还没有成熟稳定的研究传统，在研究时容易盲目使用不合适的理论方法；三是口述档案本身的特点，口述档案的多种问题使得运用理论方法需要考虑很多因素，在应用方面也面临更多的困难。

3. 口述档案与社会记忆研究缺乏创新的视角和范式

口述档案与社会记忆研究涉及众多理论概念，例如集体记忆、文化记忆、历史记忆等，这些概念在不同学科领域有不同定义，并且经常出现定义上的重叠、模糊。比如，集体记忆在历史学、社会学、文化学中有不同内涵，还会与社会记忆、文化记忆等其他类型的记忆产生重叠交叉。尽管这些理论概念为研究提供了丰富的视角和范式，却也使研究陷入仅仅是提出新概念或分析案例的循环之中，而未能深入探讨口述档案与社会记忆研究的本质。因此，为了赋予研究更多意义，需要在概念界定、理论构建上寻求创新突破。

这个问题的原因有以下几点：

首先，口述档案与社会记忆研究尚未在自身领域内确定清晰的定位和方向，这导致没有一个统一和协调的研究视角及范式。作为一个跨学科领域，每个学科都有自己的研究范式。这些学科对口述档案与社会记忆的理解分析基于不同的假设，导致在综合这些范式时出现不协调的情况，还会引起某些概念问题的混淆。因此，明确自身的研究方向，采用的主要范式，对于口述档案与社会记忆研究至关重要。

其次，对于现有概念和理论的批判性思考和创新性发展不足，阻碍了新颖且有价值视角和范式的形成。尽管许多概念和理论，如集体记忆、文化记忆等，为研究提供了广泛的视角，但它们在不同的学科和领域中的定义和特征可能导致一定的局限性和不足，如难以全面反映口述档案与社会记忆的多样性、动态性和互动性，或解决研究中的可信度、可靠性等问题。因此，对现有概念和理论的深入反思和创新，以及探索新的或改进的理论，或以新的方式应用现有理论，对于形成有价值的新视角和范式是必不可少的。针对提出的问题，其负面影响主要表现在以下方面。一是削弱了口述档案与社会记忆研究的深度与广度，未能实现对这些研究主题的全面深入探讨或采用多样化及开放性的研究方法。持续提出新概念或分析案例，而未深究口述档案及社会记忆研究的核心及目标，可能使研究停留在表面或重复的层面，仅仅描述或解释显而易见的事实和现象，而忽略探索未知或隐藏的规律和意义。依赖现有或传统的视角和范式，而不是创新和扩展研究视野，可能会使研究进入封闭或僵化的状态，仅仅是遵循或应用已知模式和方法，而不是尝试或探索新的可能性和方法。二是降低了口述档案及社会记忆研究的价值和意义，未能实施有效且有用的研究或进行积极的贡献。不断提出新概念或分析案例，而不深入思考和探索研究的本质和目的，可能导致研究缺乏明确的目标和方向，即研究者不清楚研究的真正目的及期望得到的结果和收获。仅仅使用现有的或传统的视角和范式，而不去创新和拓展，可能使研究缺失独特和强有力的视角及范式，无法提供创新和有价值的理解和评估口述档案及社会记忆的新方法。

（二）信息收集和分析方面的问题

口述档案研究的信息主要来源于口述者的回忆。这些信息具有主观性、多样性、复杂性、动态性等特点，给信息的收集分析带来了一定困难，具体表现在以下几个方面。

1. 口述档案研究缺乏统一的收集分析方法

口述档案与社会记忆研究是一个跨学科的领域，它涉及不同的研究目的、对象、内容、角度、范围，因此，需要根据不同的情况选择收集分析方法。然而，目前还没有一个通用的收集分析方法，不同的研究者可能采用不同的方法，导致数据的质量、有效性存在差异。此外，口述档案的收集方法有访谈、问卷、观察、实验等，但各种方式在采集对象选择、采集过程控制、采集内容记录、采集结果评估等方面都有不同的要求，需要研究者根据具体情况进行选择。同样，口述档案的分析方法有叙事分析、话语分析、内容分析、主题分析等多种方式，但各种方式在分析框架的构建、分析工具的运用、分析结论的呈现等方面都有不同的原则，需要研究者根据具体情况进行选择。

问题产生的原因：

首先，口述档案与社会记忆研究的复杂性导致难以找到一个普遍适用的收集分析方法。因此，在综合应用这些不同视角范式时，需要考虑多个因素，如研究目的、对象、内容、视角、范围等，这些因素可能相互影响，并随时间、环境而变化。

其次，采用的方法过于分散混乱，缺乏统一规范的方法。口述档案与社会记忆研究使用多种收集分析方法，包括主动与被动、定性与定量的方法，每种方法都有其优势。然而，目前缺乏明确标准来规范这些方法的使用，导致研究者可能基于个人偏好随意选择，从而出现错误。

问题产生的影响：

首先，它直接影响了口述档案研究的质量与成效，阻碍了对这一领域进行精确有效的探索。缺乏统一适用的方法可能引起数据质量、有效性和可比性的不一致，还可能影响分析的准确度、效力。在这种情况下，研究成果可能缺乏说服力。例如，不能恰当选择研究对象或有效控制研究过程会导致数据收集不完整；分析单位设置不合理，不能建立有效的分析框架会使得分析结果浅显。

其次，它制约了口述档案研究进行全面深入考察。如果缺少一套普遍适用的采集分析方法，研究方向会缺乏明确目标，研究视角和范式墨守成规，会限制研究深度。同时，还会影响研究的开放性，使得研究无法有效应对口述档案的多样性、动态性，难以与其他学科领域的研究者进行有效的交流合作。

2. 口述档案缺乏有效的质量控制机制

由于口述者提供的回忆主观性强，易受记忆偏差、情感色彩、价值观念、语言表达等多种因素影响，这些因素可能会损害数据的真实性、准确性、完整性、客观性。这就要求对数据施加严格的质量控制，以便提升其可靠性。笔者在《红色口述档案采集利用的实践与探索——以〈光荣在党50年〉红色口述档案采集工作为例》中也对口述档案的采集质量控制的问题进行了一定探讨，然而，目前国内尚未建立起一个广泛认可的质量控制体系，研究者往往依据个人的标准进行工作，这种做法在数据质量上造成了不一致性。例如，在评估口述档案和社会记忆研究中的常见问题时，如口述者的代表性、反映社会记忆的多样性和复杂性、提供新颖有价值信息的能力等，目前还没有形成一套公认的评估方法，研究者可能基于个人的判断或偏好来决定使用或排除某些数据。

成因可以归结为两个方面：

首先，口述档案和社会记忆研究接触到的数据类型或来源极为丰富，导致难以制定一个普遍适用的质量控制标准。研究不仅涉及文件、报告、信件等传统的档案资料，也包括访谈、问卷、录音、录像等非传统的口述资料。这些资料在形式、内容、属性上存在显著差异。

其次，口述档案和社会记忆研究的分析视角多样，这也使得难以建立统一的质量控制方法。研究可以从描述性或解释性角度分析数据，也可以从历史性或现实性角度分析。不同的分析目的和分析视角对数据质量有着不同的需求和期望。例如，从描述性或解释性视角分析数据，关键在于数据能否全面反映事实或现象，深度揭示规律或意义；从历史性或现实性视角分析数据，则更注重数据能否准确重现过去或当下，有效指引未来或驱动变革。因此，针对不同的分析目的或视角，需要采用相应的质量控制和评估策略，如从描述性或解释性视角分析数据时，可能会运用内容分析、主题分析等技术；从历史性或现实性视角分析数据时，则可能需要借助史料批判、情境分析等方法。

影响也主要体现在两个方面：

首先，该问题削弱了口述档案及社会记忆研究的信度与稳定性，妨碍了对这些档案和记忆进行高效而有益的探究。缺少有效的质量管理和评审体系可能会令数据的真实性、精确性、完整性及客观性受到质疑，同样，分析的逻辑性、效力和可信度也可能受影响。这种情况下，研究成果与结论可能会因缺乏说服力或参照价值而受到质疑。举例来说，未能对口述资料的来源、采集方式、记录手段等进行严格的质量管理与评审，可能导致数据不实、不可靠、不全；若未根据研究的具体目的或视角选择恰当的分析策略，分析结果可能会显得不合逻辑、无效或不具可信度。

其次，该问题制约了口述档案及社会记忆研究的进展与创新，阻碍了对这些领域进行全面深入的探讨及多元化和开放式的研究。缺乏一套行之有效的质量管理与评审体制，研究可能会因缺少明确的目标和方向而变得模糊不清，同时，可能缺少创新和有力的研究视角与范畴。这限制了研究探讨口述档案和社会记忆现象、意义及功能等方面的深度和广度，也妨碍了研究在多样化、动态性和互动性等特征面前的有效应对和适应。此外，这种局限性还可能影响与其他学科或领域研究者的有效沟通与合作。

3. 口述档案缺乏有效的存储共享平台

这些研究领域产出的数据量庞大且种类繁多，对当前乃至未来的学术探索都极具价值。为了确保数据的安全保存、有效利用与传承，建立一个合适的存储共享系统显得尤为重要。尽管如此，目前尚未形成一个统一的存储共享平台，导致研究者们在存储共享方法上的选择各异，进而影响数据的安全性、可访问性和实用性，比如，口述档案的数据可能包括文本、图像、音频、视频等多种格式，需要利用不同的存储介质与格式进行保存，例如纸质档案、光盘、硬盘或云服务，每种方式均有其保存期限、条件和成本的考量，研究者必须针对具体情况作出选择或转换。同样，考虑到数据可能涉及口述者的个人隐私、敏感信息或保密内容，不同的共享策略也需慎重考虑，包括公开发布、限制性授权或完全保密等方式。这些策略在数据传播的范围、效果和责任上都会产生不同的后果，研究者需要依据实际情况作出选择。

总结以上问题，我们可以看到口述档案及社会记忆研究在数据收集与分析的过程中存在若干难题。对于这些难题，需要通过进一步的讨论与合作来寻求解决，以达到某种程度上的共识或形成标准，或者至少明确不同的假设和前提条件，以便于开展有效的交流与合作。同时，口述档案及社会记忆研究亦需在数据收集与分析方面追求更多的规范化和创新，以此提升数据的质量与研究价值。

二、口述档案的可信度和可靠性问题

口述档案，作为一种通过口头传达记录的档案形式，源自个人的回忆，具有主观性、多样性、复杂性、动态性的特征。这为口述档案在传递社会记忆方面发挥了不可替代的作用。然而，这些特性同时对口述档案的可靠性造成了一定冲击。

（一）口述档案的真实性问题

“口述历史档案是基于当事人的回忆由采访者对当事人的采访记录而形成。当事人对历史上亲历、亲见、亲闻的事，随着时间的长久，其记忆难免会出现疏失、模糊和错位。同时，当事人可能受某种制约而有意避开敏感的问题，或出于个人利害关系而有意夸大成绩而回避不足，或出于环境压力而文过饰非，歪曲事实。”[74]口述档案的真实性关乎其所呈现的历史事件是否符合实际情况。口述档案的真实性问题主要来自口述者自身的记忆误差、情绪色彩、价值观倾向、表达方式等多个方面。这些个人因素可能造成口述档案与其他档案类型资料出现不一致的情况。例如，口述者可能由于年纪、健康状况、教育背景等不同，遭遇记忆的丢失、混淆、错位，导致口述与文书档案在时间、地点、相关人物等方面的信息不符；基于个人情感、利益关系等原因，口述者可能选择性记忆、美化或夸张某些事件，使得口述内容与公共档案在事件描述、评价、意义解读等方面产生偏差；受文化、社会等背景的影响，口述者的记忆可能呈现出顺应、反抗等态度，造成与主流或边缘档案在观点、立场、态度上的不一致；口述者的语言表达能力、交流技巧、访谈环境等因素也可能导致记忆的模糊、含糊或误导，从而使口述档案与录音或视频档案在内容表达、效果呈现等方面存在差异。这些因素共同作用，可能使口述档案与社会记忆之间产生一定的距离与偏移。

为了探讨口述档案真实性对社会记忆影响的深度，我们应当从多个维度进行分析。

1. 对社会记忆内容的影响

作为社会记忆的关键来源与承载，口述档案通过记录不同群体、地域及时期的历史体验与文化遗产，进而构建社会记忆的框架和特性。口述档案真实性直接影响社会记忆的准确性。假如口述档案与其他档案资料在时间、地点等信息上不匹配，会导致对特定历史事件的误读；口述档案与官方档案在事件评价上的差异，会引起对特定历史事件评价的分歧；口述档案与主流档案在观点立场上的不一致，会造成对特定历史事件的偏见。

一是口述档案与其他档案资料在基本信息上的不一致，如时间、地点、人物的差异，可能引发对历史事件或社会现象描述与理解的混淆与误解。这类不一致性可能源自口述者的记忆差错、情绪影响、价值观倾向或语言表达方式，亦可能由其他档案资料的遗漏、篡改或误导所引发。这影响对事件或现象基本要素的准确把握，也妨碍了对其背景、进程、影响等重要细节的深入理解。

二是口述档案与公众档案在事件解读、价值评估方面的分歧，可能引起对历史事件评价认知上的争议。这类分歧可能源于口述者的个人体验、视角、价值判断，或是官方、公众档案的社会效应、文化传递等。这种差异涉及对事件正反面评价的形成，也关乎对其意义的认同。

三是口述档案与主流档案在观点、立场、态度方面的不同，可能导致对历史事件复杂性认识的局限。这种不一致性可能由口述者的社会身份、文化背景、地理差异决定，也可能受主流档案反映的利益冲突、文化差异影响。这影响了对历史的公正全面理解。

2. 对社会记忆功能作用的影响

作为历史经验和文化传统传递的工具，口述档案在形成社会记忆方面扮演着重要角色。口述档案作为联系个人记忆和社会记忆的桥梁，是社会记忆传承的重要保障。当口述档案的真实性遭到质疑，社会记忆的构建和功能随之受到负面影响。举例来说，若口述档案在真实性上存在瑕疵，那么社会记忆在提升社会认同感、凝聚力、促进社会和解、推动进步等方面的能力便会受到削弱。同样，若口述档案无法准确反映历史，社会记忆在解读历史事件、界定历史责任、保护文化遗产方面的作用也将遭到质疑。

一是口述档案缺乏真实性，会降低社会凝聚力。口述档案作为塑造社会凝聚力的重要基础，能够反映不同群体的共同经历和价值观，从而增强社会成员之间的认同感。然而，若口述档案内容失真，就可能无法传达共性信息，甚至引发误解，造成社会成员间的隔阂。以《新时代口述档案价值探析》为例，文中提到在抗日战争期间，威海市民通过口述档案记录了共同的苦难和抗争，这些档案对于培养抗日爱国情感和民族自豪感、凝聚力量起到了关键作用。若这些档案的真实性存疑，它们就无法有效地激发爱国热情，可能引发对历史的怀疑甚至否定。

二是口述档案缺乏真实性，会降低其对社会的推动作用。口述档案能够展现不同群体在历史事件中的经历，从而促进理解沟通。不真实的口述档案会传递错误信息，导致误解。

三是口述档案缺乏真实性，会削弱其在推动社会发展转型方面的作用。口述档案记录了各方在历史事件中的发展动力，对反思历史事件具有重要意义。若口述档案失实，那么就会削弱它的参考作用。例如，《口述档案：用记忆复刻历史》中提到，江苏省档案馆记录的一线抗疫战士的故事，成了推动疫情防控和社会发展的宝贵资源。若这些记录失真，则说服力不足，对于社会发展参考性降低。

通过上述分析，我们可以看到，口述档案的真实性对于社会记忆的功能作用至关重要。准确无误的口述档案能够有效地支持社会发展，而失实的档案则会产生不利影响。

3. 对社会记忆变迁发展的影响

口述档案激发并推动社会记忆的演变与扩展。通过记录不同群体、地区、时代的历史经验，口述档案对社会记忆的演化起着至关重要的作用。当口述档案的真实性受到质疑时，社会记忆的演变也会受到影响。社会记忆是一个社会的集体记忆，是个体记忆的总和，它反映了一个社会的过去，塑造了一个社会的现在和未来。口述档案作为社会记忆的重要组成部分，如果其真实性受到质疑，那么社会记忆的构建就可能会失去重要一环，因为这些记忆是我们理解和重构历史的重要资源，记载了边缘人群的声音，承载着非主流群体的记忆。

一是口述档案真实性的不足会妨碍社会记忆在适应新历史背景方面的演变。口述档案作为社会记忆与历史背景互动的关键媒介，反映了人们在特定历史条件下形成的经验，使社会记忆根据历史变迁进行相应的调整。若口述档案失去真实性，它将无法有效传递这些经验传统，可能导致社会记忆与历史背景脱节。如《当代中国研究：口述历史、集体记忆与社会认同》一文中所述，在经历改革开放四十年的巨变后，中国社会的记忆需适应新的历史条件，若口述档案未能真实记录这一时期的历史经验，便可能导致对改革开放中出现的问题缺乏准确理解。

二是口述档案真实性的不足会给社会记忆与其他档案资料间的交流带来一定问题。口述档案作为社会记忆与其他档案资源相互补充的重要来源，提供了独特视角信息，有助于提升社会记忆的丰富性。若不够真实，口述档案将无法有效传递这些信息，会导致社会记忆与其他档案资料间的割裂。例如，《新时代口述档案价值探析》一文指出，疫情防控期间的口述档案记录了一线人员的真实体验，与其他档案形成互补，加深了对疫情防控的全面认识。若这些口述档案失真，社会记忆对疫情防控的认识就会很片面。

三是口述档案真实性的不足会阻碍社会记忆与其他国家或地区的交流协作。口述档案是社会记忆与国际相互了解沟通的重要途径，有助于提升社会记忆的开放性。若不够真实，就会引起误解，导致社会记忆与国际的分歧。

总结以上分析，口述档案的真实性对社会记忆的内容形态、功能作用、演变发展等多方面产生了深远影响。这些影响的分析需要我们从多层面进行，以准确评估口述档案与社会记忆间的联系。

（二）口述档案的准确性问题

口述档案的准确性关乎其所呈现的历史细节与社会现象是否具备明确的时间、空间定位及逻辑连贯性。“口述档案的形成，则是基于对以往历史事件的经历者、参与者所做的访谈，而后加工整理而成的。”[75]因此，准确性的挑战主要来自口述者在记忆整理、重构、传递的各个阶段，这些过程可能引发关于时间序列、地理名称、人物识别等方面的错误，进而影响口述档案的准确性。举例而言，记忆的组织方式差异，如主题的分类、情绪的排序、重要性分层的差别；记忆重构的需求差异，如补充缺漏、解决矛盾、新增元素等因素；记忆传播的目标差异，为了适应听众、满足期望、形成共识等目标，均会对口述档案的准确性造成负面影响，进而使口述档案与社会记忆之间出现“变异”。

为深入探讨口述档案准确性对社会记忆的影响，考察的重点包括以下三个方面。

1. 对社会记忆的结构和逻辑构建的影响

口述档案对社会记忆结构与逻辑构建的作用至关重要，它通过记录与分享不同群体、地区、时代的历史经验与文化遗产，为社会记忆的框架与推理提供基础。“由于过久口述者无法再完全准确无误地重现当时的历史原貌”，“因为时间久远，受访者记忆出现偏差，如记错了时间、人物张冠李戴、事件因果关系错乱等。而站在今天的立场回溯历史，犹如戴着一副变色镜去眺望远处的山景”[76]。然而，口述档案准确性不足，社会记忆的逻辑推理便会受到影响。

首先，口述档案的准确性不足，可能会导致社会记忆在理解时间序列上的混乱。由于时间序列构成了社会记忆的骨架，它揭示了历史事件的因果链、发展阶段、转变过程，使得社会记忆能够依照时间的脉络进行条理化的组织与阐述。缺乏准确性的口述档案无法恰当传递这些时间脉络，有可能引起时间上的错位或混淆，致使社会记忆在把握历史事件与社会现象的发生及其发展方面变得模糊不清。

其次，口述档案准确性的不足也可能导致地理名称确立上的错误。地理名称作为社会记忆的重要支撑，展现了历史事件与社会现象的具体发生地、地理环境、地缘联系，促使社会记忆依据空间坐标进行精准定位。然而，当口述档案未能精确传达这些空间信息时，可能会引起地点的误标或遗漏，使得社会记忆在解读历史事件或社会现象的背景和环境时产生错误的认知与评价。例如，《口述档案：用记忆复刻历史》一文中提到，在江苏省档案馆进行的云南民间少数民族口述历史档案搜集过程中，部分口述者对自己的民族、所在地区、村落的名称记忆模糊，甚至将不同的民族或地区混淆，这为研究云南少数民族的历史文化带来了障碍。

再次，口述档案准确性的缺失可能引起人物身份认定上的模糊。

人物身份是构建社会记忆的关键元素，它描绘了历史事件或社会现象中的关键人物、参与者、有影响力的人物等，为社会记忆提供了人物关系的刻画与呈现。当口述档案未能准确传递这些人物信息时，可能出现人物认定上的混淆或误判，从而使社会记忆在辨识历史事件或社会现象中的主要人物与参与者时缺失清晰的认知与评估。例如，《谁的历史：自传、传记与口述历史的社会记忆本质》一文中提到，在著名歌剧《红色娘子军》中，一个关键角色吴琼花的身份在不同的口述档案中出现了多种说法，有的描述她为苗族人，有的认为她是汉族人；有的认为她是湘西人，有的认为她是贵州人，这种多样的说法为后人理解她的真实身份与背景带来了困惑。

2. 对社会记忆的完整性和代表性的影响

口述档案为社会记忆提供了重要的补充，它通过采集不同群体、地区、时代的历史经验、文化传统，使社会记忆更具完整性和代表性。“档案工作者还可以高枕无忧，但现在，社会记忆观已对档案工作的完整性和理论基础提出质疑，它将导致对档案的重新认识和界定。”[77]一旦口述档案在准确性上受到挑战，社会记忆的完整性与代表性亦可能被削弱。例如，口述档案若在时间顺序上出现漏洞，社会记忆对历史事件的全貌与细节的呈现可能会有所欠缺；口述档案若在地点名称上出现差错，社会记忆对历史事件的地域范围与分布的把握可能会有所不足；口述档案若在人物身份上出现遗漏，社会记忆对历史事件的多样性的展示可能会有所缺失。

首先，时间准确性影响完整性。时间顺序作为社会记忆的根基，它揭示了历史事件或社会现象的全景与微观细节，使得社会记忆可以依据时间的线索有序地进行构建与呈现。若口述档案未能准确传达这些线索，可能引起时间上的混乱或错位，使得社会记忆在展现历史事件或社会现象的全貌与细节上失去清晰度。

其次，地点准确性影响完整性。地点名称是社会记忆的构件，依据地理坐标，社会记忆可以进行精确描述。若口述档案在传递这些坐标信息上出现疏漏，会使得社会记忆在描绘历史事件的分布上不能完整呈现。

再次，身份准确性影响完整性。人物身份信息使得社会记忆可以依据人物关系进行详尽的刻画。若口述档案在传递这些人物信息上出现疏忽，会引起人物认定的误判，使得社会记忆在认识历史事件上不清晰。例如，在《社会记忆建构视角下的口述档案归集范式探析——以深圳城市建设与管理口述档案工作为视点》一文中，在深圳市规划国土房产信息中心进行的城市建设与管理口述历史档案项目中，部分受访者对自己参与过的城市建设项目或管理工作记忆模糊，有时将不同的项目或工作混淆，这为研究深圳城市发展历程带来了障碍。

3. 对社会记忆可靠性的影响

口述档案作为社会记忆的关键证据，通过记录不同群体、地区、时期的历史文化传统，为社会记忆的真实性提供依托。“但档案的真实可靠性尤其是其内容的真实可靠性并不是绝对的，它只是与其他信息相比较而言是最真实、可靠的。”[78]若口述档案不准确，社会记忆的可靠性也会受到质疑。举例来说，口述档案若在时间顺序上有误，社会记忆在支持历史事件的真实方面会变得脆弱；地点名称口述档案的错误会削弱社会记忆在确认历史事件的具体性方面的能力；人物身份口述档案不准确会动摇社会记忆在证实历史事件方面的权威。

首先，削弱社会记忆在时间顺序上的可信度。时间顺序为历史事件发生过程提供了关键线索，展现了因果链、演变规律、阶段特性，使得社会记忆可以依照时间逻辑进行有序重构。准确性不足的口述档案无法提供这些关键线索，会导致时间上的混淆，从而使社会记忆在支持历史事件的真实性方面不足。

其次，影响社会记忆中地点名称的可靠性。地点名称标识了历史事件的背景，展示了它们的地理特征，使得社会记忆可以依据空间坐标进行精确描述。当口述档案地点坐标不准，就会削弱社会记忆对确认历史事件具体性的支持。

再次，动摇社会记忆在人物身份上的权威性。人物身份是历史事件的参与者角色，为社会记忆提供了人物关系的展示。若口述档案人物信息不准，可能引起人物认定的误判，使社会记忆在支持历史事件的权威方面不够有力。

总之，口述档案的准确性对社会记忆的影响深远，它关系到社会记忆的结构逻辑、完整性、可靠性等多个层面。我们需要从综合的角度出发，分析审视口述档案与社会记忆之间的相互作用，客观评估二者的关系。

（三）口述档案的完整性问题

口述档案的完整性问题涉及口述档案所展现的历史真相是否全面，包括是否包含足够的信息量。由于口述者对记忆的选择、遗忘等行为，口述档案涵盖的内容不全，影响了口述档案的全面性。例如，口述者更关注自己的个人经历，使得口述档案与宏观层面的其他档案资料相比，涵盖内容范围差距较大；由于时隔久远，口述者可能忘记了某些细节，这些细节信息与文书档案相比，难以长期保存；因为个人隐私、敏感信息、争议内容，口述者可能进行了记忆的删减。这些行为都有可能削弱口述档案的完整性，造成口述档案与社会记忆之间的断层。为了深入理解口述档案的完整性如何塑造社会记忆，我们应当从多个维度进行分析。

1. 对社会记忆的广度和深度的影响

作为社会记忆的关键来源与媒介，口述档案记录并分享了不同集体、地域和时代的历史见闻及文化遗产，从而丰富了社会记忆的范围与深度。“口述档案不仅对现存的社会记忆具有重要影响，而且还是构建大众历史记忆的基石，是防止社会失忆的有力工具。”[79]口述档案若在完整性上受到挑战，相应地，社会记忆的广度与深度也会遭受影响。例如，口述档案若在包含的内容上有所欠缺，社会记忆对历史事件或社会现象的涵盖将可能不全面；口述档案若在信息深度上有所缺失，社会记忆对历史细节及其背景的理解和掌握将可能受限。

首先，口述档案不完整会导致社会记忆覆盖面不足。内容范围作为反映丰富性的关键指标，揭示了历史事件的种类、主题、领域、层次，为社会记忆提供了有序分类的框架。不完整的口述档案无法充分提供这些分类，导致内容的遗漏，限制了社会记忆对历史事件的全面展示。例如，《口述、记忆与主体性：社会学的人文转向》一书指出，文献资料的局限性导致了对普通民众生活、思想、情感等方面的忽视，而口述历史能够从个体视角补充这些内容，使得研究更为全面。

其次，口述档案不完整会影响社会记忆在信息深度上的掌握。信息深度作为揭示历史背景的关键指标，展现了历史事件的起因、过程、结果、影响，为社会记忆提供了深入分析评价的基础。不完整的口述档案无法有效提供这个层次的信息，导致信息片面化，限制了社会记忆对历史细节深入理解。

最后，口述档案不完整会影响社会记忆对信息质量的评估。信息质量作为评价历史真实性的重要指标，展现了历史事件的客观性，为社会记忆提供了有效核实的标准。不完整的口述档案无法有效提供这些标准，导致信息错误，限制了社会记忆对历史真实性的充分支持。例如，在《口述史料的独特价值与史料的整理鉴别》一文中，一些口述者可能对历史事实进行了删改，因此对口述档案进行严谨鉴别是确保其可靠性的必要步骤。

2. 对社会记忆的多样性和复杂性的影响

口述档案对社会记忆的多样性、复杂性具有补充作用，它通过采集并分享不同集体、地域、时代的经验传统，为社会记忆带来了丰富性、层次性。然而，当口述档案的完整性受损时，社会记忆的多样性与复杂性也可能受影响。举例来说，口述档案若在展现多元观点方面有所欠缺，社会记忆在理解与评价历史事件或社会现象的多样性上可能会受限；口述档案若在内涵与外延的复杂性方面有所缺失，社会记忆在理解历史事件或社会现象的多维影响上也可能会不足。

首先，口述档案完整性的不足可能限制了社会记忆在考虑不同观点方面的多样性。多元观点展现了历史事件或社会现象的多角度解读与评价，为社会记忆提供了丰富的对比与交流。“传统档案馆与档案工作者形成的思维倾向是为主流文化和当权者服务，它的选择与保管无形中成为统治阶级意志的体现，这种做法让官方叙述占有特权，从而忽视了社会中个人和弱势群体、边缘群体的记录。‘当历史研究中只是对文件的有效性产生争论时，档案工作者还可以高枕无忧，但现在，社会记忆观已对档案工作的完整性和理论基础提出质疑，它将导致对档案的重新认识和界定。’因此，档案部门在选择同一社会命题下的口述史时，应尽可能多地涵盖各个层面的受访者，以多角度、全方位地展现出历史进程。”[80]不完整的口述档案或许无法提供足够的观点差异，可能导致社会记忆在评价历史事件或社会现象时趋向单一化或同质化。例如，在中国近代史的研究中，传统文献资料可能忽视了普通民众的视角，而口述历史则能够反映个体的观点与感受，为研究带来更多元的视角与立体性。

其次，口述档案完整性的不足可能影响社会记忆在理解历史内涵方面的深度。内涵的复杂性体现了历史事件或社会现象的文化、思想与价值层面，为社会记忆提供了深入分析的基础。不完整的口述档案或许无法提供这些层次的内容，可能导致社会记忆在理解事件意义时的简化或片面化。例如，《新时代口述档案价值探析》一文提到，口述档案在记录新冠疫情一线抗疫人员的真实故事时，能够揭示抗疫的人文精神与价值，为社会记忆提供了深刻的理解与共鸣。

最后，口述档案完整性的不足可能削弱社会记忆在认识历史影响方面的准确性。外延的复杂性揭示了历史事件或社会现象的影响范围与程度，为社会记忆提供了核实与鉴别的依据。不完整的口述档案或许无法提供足够的影响层次，可能导致社会记忆在评估事件影响时的夸大或缩小。例如，在中国近代史的研究中，文献资料往往忽略了普通民众对历史事件的影响与感受，而口述历史能够从个人的视角记录这些反馈，为研究提供更全面与真实的视角。

3. 对社会记忆的完整性和代表性的影响

口述档案作为社会记忆的核心与基石，通过记录并传递各种群体、地域和时代的历史经历与文化遗产，为社会记忆的完整性与代表性提供了支撑与验证。口述档案的完整性一旦遭到质疑或受损，相应地，社会记忆的完整性与代表性也面临挑战。例如，口述档案若在覆盖的内容上有所缺失，对于历史事件或社会现象的全面理解与呈现就会受到限制；口述档案若在深度信息方面存在不足，对历史背景及其条件的准确把握与展示也将受影响；口述档案若未能充分展现观点的多样性，对于历史事件或社会现象的多维理解与呈现也会显得不够全面。

因此，口述档案的完整性对社会记忆具有至关重要且深远的影响，触及社会记忆的宽度、深度、多样性、复杂性以及完整性与代表性等多个维度。对这些影响的深入分析与考察，需要我们从多个角度和多个层次出发，以全面评估口述档案与社会记忆之间的相互作用与影响。

三、社会记忆的多样性和争议性问题

社会记忆是群体历史经历与文化遗产的综合体，同时构成了群体身份认同与价值导向的根基。其多样性与争议性涉及不同群体、地区、时代对相同历史事件或社会现象的记忆差异，这些差异体现在记忆的内容、形态、功能及其所承担的角色上，进而影响到记忆的解读、评价、意义和影响。这些问题的根源在于社会记忆的主观性、相对性、动态性，这些属性导致在记录与传递历史事件或社会现象的过程中，社会记忆受到不同历史背景、社会需求、文化价值的作用，形成了多元的记忆表达与效果。

（一）社会记忆的多样性问题

社会记忆之所以展现出多样性，是因为不同社会群体、地区、时期对同一历史事件有着独特的记忆内容、表现形式、功能角色。这种多样性的根源在于社会记忆本身的主观与相对特性，因为它在传承历史时，会受到各自的历史背景、文化传统、价值观念的影响，进而形成独特的记忆效果。口述档案作为社会记忆的重要媒介，它记录了不同集体、地域、时代的经历，提升了社会记忆内容的丰富性，能提供其他档案没有的信息，比如个体的亲历、情绪体验、观念立场，从而拓宽了社会记忆在理解历史事件时的维度。同时，口述档案还能以其他档案难以复现的方式进行表达，比如口头叙述、声音的特质、身体语言，从而增强了社会记忆在感知历史事件时的感染力。因此，口述档案使得社会记忆更为丰富多元。这对于口述档案与社会记忆的研究具有积极价值，促使相关研究更全面深入地挖掘历史事件的意义，更客观公正地进行评价，更有效力地传递相关信息。

（二）社会记忆的争议性问题

社会记忆的争议性问题体现在对同一历史事件的理解的差异。这一争议性的根本在于社会记忆的多元本质，它在记录历史时，多种因素的作用导致记忆的多种解释效果。以2024年巴黎奥运会开幕式为例，不同国家的人民对其有不同的解读。法国人将它作为文化多样性的充分展现，有些国家却认为对传统文化冲击较大。此外，对奥运会开幕式的评价也各不相同，就算在同一国家，也会有不同看法，有些人觉得巴黎奥运会开幕式充满了新鲜元素，比如通过游戏《刺客信条》的主角手持火炬在巴黎“跑酷”。有人认为，巴黎奥运会大幅节省了开支，符合绿色奥运的理念；也有人认为，开幕式在文化价值输出方式方面有待商榷，不便评价。这些差异展示了社会记忆在不同群体的争议性，反映出社会记忆与社会现象之间的动态多元关系。

（三）社会记忆的多样性和争议性问题对口述档案与社会记忆研究产生的重要影响

社会记忆的多样性与争议性问题在口述档案与社会记忆研究领域产生了深远的影响，这种影响涉及内容形态、功能作用、历史演变等诸多层面。研究者需从不同视角与层次深入分析这些影响，以深化对口述档案与社会记忆关系的理解。

首先，口述档案在社会记忆内容形态方面扮演着关键角色。作为记录不同集体、地域、时代历史经历、文化传统的主要渠道，展现了社会记忆的多样性。口述档案能够揭示其他档案难以捕捉的信息，例如个体的视角、情感色彩、价值观念，这些信息揭示了对历史事件的独特理解。此外，口述档案能够采纳传统档案所不具备的表现手法，比如对话交流、参与式互动、共创经验，进一步丰富了社会记忆的意义。因此，口述档案使社会记忆更生动，更能体现历史事件的复杂性。这对于口述档案与社会记忆研究而言具有积极意义，促进了对历史事件内涵与外延的全方位探索，使评价更为客观公正，信息价值传播更为有效。

其次，口述档案在社会记忆功能作用方面起到了极为关键的作用。作为一种记录不同人群、区域、时代经验的平台，它强化了社会记忆的功能性。这些档案能够触及其他档案形式难以触及的领域，比如促进社会间的对话与理解、增进相互尊重、推动变革与进步，体现了社会记忆在历史事件上的多重功能。口述档案借助其独特的方法，如采纳多样化视角、促进跨学科与跨文化合作，进一步拓展了社会记忆的影响与应用范围。因此，口述档案增强了社会记忆的效力，也为历史事件或社会现象提供了更加丰富的解读与应用路径。这对口述档案与社会记忆研究具有显著且积极的意义，鼓励研究者们深入探讨历史事件或社会现象的多元功能，更合理地选择研究方法与技巧，以实现社会记忆的广泛应用。

最后，口述档案对社会记忆的历史演变发挥了重要作用。通过采集、分享不同集团、地区的经历，直接影响社会记忆的演进。口述档案为适应新的历史背景、满足新的社会需求、贡献新的文化价值提供了独特条件，助力社会记忆的变化。通过与其他档案类型、不同国家或地区、跨学科领域的交流合作，口述档案推动了社会记忆的拓展。因此，口述档案增加了社会记忆的适应性，有利于社会现象的演变发展。这使口述档案与社会记忆研究更敏感地捕捉时代变迁，更全面深入地参与社会记忆的扩展研究，有力促进历史与社会现象的发展动态。例如，通过口述档案，可以观察到对奥运会社会影响的多角度视野，美国人关注其对体育创新、文化传播的贡献，而英国人则探讨奥运会在提升国际体育地位的作用。同时，不同群体倾向于通过多种合作方式，如跨国交流来丰富奥运会的社会记忆，展现了社会记忆在全球化背景下的动态发展。

第五章　口述档案与社会记忆问题的解决策略

一、口述档案研究的方法和技术创新

口述档案研究领域的方法与技术创新涉及多学科，强调不断探索创新以适配研究对象、目标、环境的多样性。

（一）口述档案研究的理论创新

理论创新要求研究者跨越学科边界，融合不同领域的理论概念，以夯实口述档案研究的理论基础。理论创新成为口述档案研究的关键驱动力。

1. 口述档案研究与叙事学的理论创新

借鉴叙事学等学科的理论与概念，口述档案研究能深化对叙事内容、形式与策略的理解。例如，引入叙事学理论，如故事与叙述、时间与空间等概念，口述档案研究揭示了历史事件的内在逻辑与多维关联。分析故事内容展示了社会记忆的多样性，而时间顺序的分析揭示了记忆的变迁。多元叙事等叙事学理念的应用，进一步探讨了口述档案的复杂性，揭示了社会记忆的自我意识。在多种叙事学理论的应用中，尤其要注意分析口述档案的文本特性，包括口语化、个体化、情感化等，通过分析这些特性，我们可以理解口述档案中的记忆内容和社会文化意义。

口述档案作为文本，其叙事内容受社会文化背景的深刻影响。历史事件、社会结构、文化习俗、价值观念等，共同影响口述者的记忆选择、叙事方式。在现代社会背景下，口述档案多采用对话、回忆录、新闻报道的形式，反映了现代社会中的记忆表达方式。

在特定历史背景下，口述档案中的叙事内容集中于某些重大历史事件。口述者通过描述这些事件，表达自己对历史的理解。比如，“寻找飘荡的忠魂”“战争遗孤启示录”等。再如，广州市档案发展中心（广州市音像资料馆）在《共产党员风采》口述档案采集项目中，大部分的口述档案集中于战争、革命，通过这些内容，反映特定历史时期的社会文化背景。

在日常生活背景下，口述档案中的叙事内容集中于家庭、工作、生活。口述者通过描述这些日常事件，表达对社会文化的认知体验。比如，《一个人的绿洲》《我在乡下修村志》《乡见系列•手上记忆》《行影人生》《献给芸芸众生的生命备忘录》《母亲》《彼此》《江西新城陈氏•家族百年沉浮》《真善如兰》《给我爱的父亲》《红土的儿子》《她和它们》等都以口述素材反映了日常事件。再如，广州市档案发展中心（广州市音像资料馆）在《家族往事》口述档案采集项目中，大部分口述档案集中于家庭故事、职业经历，通过这些内容反映日常生活中的社会文化背景。

在研究抗战时期的口述档案时，我们发现口述者的记忆受到战争背景的深刻影响。口述者集中回忆战争中的重大事件，采用英雄主义的叙事风格，通过这些内容表达对战争的理解。例如，广州市档案发展中心（广州市音像资料馆）在《广州市退役军人英雄模范》口述档案采集项目中采集了大量具有光辉事迹的英雄军人，通过分析这些口述档案，我们可以领略到中国军人的英雄风采。

在研究移民经历的口述档案时，我们可能发现口述者的记忆内容受到移民背景的深刻影响。口述者集中回忆移民过程中的关键事件，采用跨文化的叙事风格，通过这些内容表达对移民经历的理解。通过分析这些口述档案，我们可以揭示移民背景对记忆的影响。

总之，研究口述档案作为文本与其社会和文化背景之间的关系，可以为社会记忆研究提供理论基础。

2. 口述档案研究与心理学的理论创新

心理学理论为口述档案研究注入了新的理论支持，强调了口述档案中记录的心理活动的重要性。记忆、遗忘、认知、情感等心理学概念，为研究者提供了口述档案中记忆选择、记忆失真、记忆重建等现象的工具。社会心理学的概念，如社会认同、社会影响，促使研究者深入分析口述档案中的社会关系，揭示了社会记忆在社会结构中的作用。通过社会认同的分析，可以理解个体如何通过历史事件构建身份，而社会比较和社会规范的探讨揭示了社会记忆在形塑社会价值中的角色。通过心理学理论的创新应用，口述档案研究能更深入全面地揭示人们如何通过记忆过程构建、维护和转化社会记忆，进而有效地支持口述档案的收集、整理与保护，以及社会记忆的形成和演变。口述档案研究与社会学理论的结合为分析社会现象提供了独特的视角，例如，运用心理学，口述档案中的记忆选择反映了个体的动机，揭示了社会记忆的动态本质。记忆失真分析展现了记忆过程的复杂性，记忆重建凸显了社会记忆的重塑能力。所以，这方面的理论创新尤其应该关注记忆的心理机制问题。

记忆是人类认知系统中的一个复杂过程，涉及信息的编码、存储、提取。在这个过程中，记忆可能被遗忘，还可能出现失真、再构建。理解这些心理机制对于分析解释口述档案中的记忆内容具有重要意义。

遗忘是指已经存储在记忆中的信息无法被提取的情况。“一个人在成长期，突触生长能力强，则再记能力强，而早期记忆的东西忘得也快；进入衰老期，突触的生长能力弱，甚至出现枯萎，则再记忆的能力弱，甚至出现记忆萎缩的现象。”[81]遗忘的原因包括信息的自然衰退、干扰、编码失败、提取失败等。口述档案中的叙述常常反映了个体对某些细节的遗忘。通过分析这些遗忘现象，我们可以探讨遗忘的具体机制及其影响因素。例如，个体对时间久远的事件记忆模糊，对某些情感上不愉快的事件选择性遗忘。

记忆失真是指人们在回忆过去事件时，记忆内容与实际内容不一致的情况。“记忆是动态的，充满了不确定性。这种动态或不确定使记忆本身带上了戏剧性。”[82]引起记忆失真有多种原因，但是可以确定的是，口述档案中的叙述包含了记忆失真的现象，通过分析这些失真现象，我们可以探讨记忆失真的具体机制。

记忆再构建是指个体在回忆过去事件时，根据当前情境对记忆进行重构的现象。“口述者的童年经历、怀旧情绪、个人偏见、亲情意识与健康状况等，都可能使历史记忆发生扭曲，难以保障记忆呈现的客观，从而将过去的历史变成现在的历史，将过去的声音变成现在的声音。”[83]口述档案中的叙述反映了记忆再构建的现象，通过分析这些再构建现象，我们可以探讨记忆再构建的影响因素。

未来的社会记忆研究应进一步深化对记忆心理机制的探讨，结合口述档案的特点，探讨遗忘、失真、再构建现象的影响因素，有助于理解记忆的多维度，也能为社会记忆的保护传承提供新的策略。同时，研究记忆的心理机制还可以促进跨学科合作，推动社会记忆研究的多元化发展。

3. 口述档案研究与社会学的理论创新

社会学的应用赋予口述档案研究新的理论基础，强调了社会关系和结构在理解口述内容中的作用。利用社会互动、社会网络等概念，研究揭示了口述档案记录下的事件或现象如何在社会维度中展现，如互动模式的分析展现了记忆交流的多样化，网络结构的探讨反映了记忆的广泛联系。例如，对互动模式的分析突出了人与人之间的交流方式、频率，以及产生的影响。对网络结构的研究则揭示了记忆在社会网络中的形式、范围，以及强度，反映了社会记忆的网络属性。社会变迁、冲突、整合创新的社会学理论进一步加深了口述档案研究的社会维度探讨，例如，通过变迁原因的分析，揭示了记忆动态的本质；对冲突表现的研究则展现了社会记忆中的问题性，而对整合方式和创新效果的探讨则突出了记忆的创新性。社会学理论的引入丰富了口述档案研究的理论视野，还促进了对社会记忆形成与演变过程的深入理解，为口述档案的收集、整理与保护提供了有力的理论支撑，促进了社会记忆研究的深化与拓展。

（二）口述档案研究的方法创新

口述档案研究方法创新意味着借鉴了其他学科的研究方法与技术，旨在提升研究的深度与效率。值得关注的创新方向包括：

1. 口述档案研究的定性分析方法创新

定性分析方法在口述档案研究中具有不可替代的作用，它允许研究者对非数值数据进行深入解读。叙事分析、内容分析、话语分析及主题分析等技术，使研究者能够从多个维度和层次剖析口述档案，揭示其叙事特性、意义和影响。例如，叙事分析揭示了口述档案中事件的结构功能；内容分析突出了主题的频率和变化；话语分析探讨了言语的类型和效果；主题分析则关注了主题之间的关系和发展。

采用编码、分类、构建理论等技术，可以实现对大量复杂文本数据的自动化和智能化处理。这些技术助力研究者从众多信息中提炼有价值的知识，构建并验证有效的理论模型。

2. 口述档案研究的定量分析方法创新

口述档案研究在定量分析方法的创新方面，体现了对数值数据深度分析与解释的新途径。具体包括：

定量分析的进步，为口述档案研究注入了新的动力。这种分析依托统计分析、因子分析、聚类分析与回归分析等多种方法，旨在对数值数据的特性、关系及其影响进行细致的量化度量。这样的方法论使得研究者能够从多维度、多层次对历史事件或现象的数值属性进行科学评估。例如，统计分析揭示了事件的数值分布变化规律；因子分析帮助理解事件的主要成分；聚类分析展示了事件的群体特性；回归分析则预测了事件之间的数值关联。此外，文本挖掘、数据挖掘、机器学习等先进技术的应用，极大地提升了口述档案研究的智能化水平。这些技术能够帮助研究者从庞大数据集中提炼有意义的信息，构建更为高效的算法模型。例如，文本挖掘技术能将文本数据转换为数值形式以便分析；数据挖掘技术揭示数据中隐藏的模式；机器学习使计算机能够自我学习并优化处理流程；深度学习则让计算机深入理解数据的复杂结构。

3. 口述档案研究的混合分析方法创新

口述档案研究领域的混合分析方法创新体现在结合定性与定量分析来提升研究深度与广度。这种方法促进了对定性数据和定量数据的综合理解。具体而言：混合分析通过三角验证、混合设计和混合建模的策略，优化了数据的分析过程，确保了研究的全面性与精确性。三角验证通过综合多种口述档案中的数据类型，对同一历史事件进行多维度检验，提升了口述档案研究的真实性。混合设计则在研究过程中融合定性与定量分析，提升研究的开放性。混合建模将定性和定量数据用于构建研究模型，提高了研究的系统性。这种混合方法提升了口述档案研究的效率，也提高了比较不同口述档案的客观性，为探索多样化的研究主题开辟了新的途径。

（三）口述档案研究的技术创新

口述档案研究领域正在经历一系列技术革新，这些革新旨在借鉴及改良跨学科技术与设备，从而优化研究条件与环境。具体的技术进步包括：

1. 口述档案录制和保存技术创新

技术革新首先体现在口述档案的录制、保存方面，这些基础性技术的升级是确保口述档案研究品质的关键。例如，利用清晰度高、灵敏度高和稳定性高的设备，如先进的录音设备、摄像机、相机，显著提高了口述档案的清晰度。这些设备能够细致捕捉口述者的声音细节、面部表情、肢体动作、口述环境，提升了口述档案的信息丰富度。例如，朱琼在《新技术4K摄像机在声像档案中的运用与探索》一文中提出，4K摄像机在技术上给声像档案带来更真切的画面感，更接近客观真实，达到“所拍即所视”的效果。[84]高清摄像机能够精确捕捉口述者的非言语交流。高灵敏度录音设备优化了对口述者语调和语速的捕捉，而高稳定性摄影设备则能够详尽记录口述者的生活背景。另外，数字化、云存储、区块链技术的应用极大地提升了口述档案的存储效率、安全性。数字化转换减少了物理存储需求，而且便于口述档案的传输分享。云存储技术实现了口述档案的远程访问和数据备份，提高了数据的可访问性和安全性，区块链技术通过在多个节点上分布式存储口述档案，确保了数据不可窜改，提升了数据的透明度，为口述档案的长期保存提供了新的解决方案。其中，应该引起重视的是采用新型语音识别技术。语音识别转录技术是智能化技术在口述档案整理应用的重要方面。通过将口述内容转化为文本，使研究者能够更方便地进行文本分析，提高了工作效率，还发挥了档案的利用价值。而语音识别技术是指通过计算机系统将语音信号转换为相应的文本，该技术利用语音处理、声学建模、语言建模等多种技术手段。能够准确识别转录复杂的语音内容，转录后的文本便于存储、检索分析，增强了口述档案的利用价值。尽管语音识别技术在口述档案整理中具有显著的优势，但也面临着一些问题。在广州市档案发展中心（广州市音像资料馆）的口述档案文字转录工作中，遇到的最大难题是多样化的口音和语言。虽然近期所用的软件能识别标准普通话，但是对于发音不准，以粤语为主的口述档案则存在大量自动识别转录错误，需要工作人员挨个比对原始录音录像，浪费大量人力成本，而口述档案中的口述者来自不同的地区，语言差异是普遍存在的问题。要解决这个问题，首先，采用多方言支持的语音识别模型，针对地方方言进行训练优化。其次，利用高级的噪声消除和音质增强技术，处理录音中的音质问题。最后，结合自然语言处理技术，对转录文本进行进一步处理优化，确保文本的准确性。随着技术的不断进步，语音识别转录技术在口述档案中的应用将不断拓展深化。通过引入更先进的声学、语言模型，可以更准确地识别转录复杂的语音内容。未来，语音识别转录技术将与图像、视频进行融合，实现多模态的信息处理分析。通过多种模态的信息，可以提供更全面准确的分析结果。语音识别转录技术将实现实时转录分析，提供即时的分析结果。语音识别转录技术也将与其他智能化技术，如自动化内容分析、情感分析、模式识别等进行集成，实现智能化的处理分析，可以提高处理分析的效率和深度，提供更全面深入的分析结果。

2. 口述档案研究的存储和传播技术创新

在口述档案研究领域，技术的存储与传播革新是研究工作的重要延伸，对口述档案的获取和应用起着关键作用。例如：利用数据库、在线平台和网站等可以显著提升口述档案获取的便利度。这些技术工具便于口述档案的有效整理与管理，并拓宽了其发布与共享的范围。数据库技术使得口述档案能按多种标准进行分类、索引与检索，简化了用户寻找所需档案的过程；在线平台提供了一站式的界面，让用户能轻松浏览和下载感兴趣的口述档案；网站技术则确保口述档案能在全球范围内被访问与分享。此外，采用多媒体、虚拟现实（VR）和增强现实（AR）技术，可以极大地提升口述档案的应用价值和体验效果。多媒体技术将口述内容转换为声音、图像、视频等多样化格式，提升了档案的吸引力和传播力；虚拟现实技术通过模拟三维空间和场景，为用户提供了沉浸式体验，增强了档案的现实感；增强现实技术则通过将虚拟信息叠加到现实世界的视觉中，创造出富有交互性和创新性的应用场景。下面重点关注三种技术。

一是元数据创建。元数据是描述口述档案数据的数据，用于对口述档案数据进行分类、描述、管理。对于口述档案来说，创建详细的元数据是至关重要的，有助于研究者快速检索相关内容，提高档案的利用效率。

元数据通常包括口述者信息、时间标签、地点、主题、内容摘要、关键词、格式、语言等。这些要素能够全面描述口述档案的基本信息，便于分类和检索。

口述档案的元数据示例：

例如，一个关于抗日战争的口述档案的元数据包括以下要素：

口述者信息：张三，男，1925年出生，抗战老兵。

时间标签：1941—1945年。

地点：河北省某县。

主题：抗日战争，游击战，八路军。

内容摘要：张三讲述了他在抗日战争期间作为八路军战士参加游击战的经历。

关键词：抗日战争、八路军、游击战。

格式：录音录像。

语言：普通话。

为每个口述档案创建详细的元数据，需要经过系统的流程，包括信息采集、数据录入、数据验证和数据存储等步骤。信息采集是元数据创建的第一步，需要对口述档案的基本信息进行全面采集。可以通过对口述者的访谈记录、档案资料、相关文献进行整理，获取必要的信息。在信息采集完成后，需要将采集到的信息进行规范化录入。应采用专业的档案管理系统，将元数据的各个要素进行系统录入，确保数据的完整性。数据录入后，需要进行数据验证，确保元数据的准确性。可以通过对比核实相关资料，进行多次校对，确保元数据的质量。

数据验证完成后，采用档案管理系统将元数据进行分类存储，确保数据的安全性。

元数据创建流程示例：

例如，为一个关于《家族往事》的口述档案创建元数据，可以按照以下流程进行：

1. **信息采集**。收集口述者的基本信息，如口述档案基本信息采集表，访谈记录如录音录像，相关资料如采访使用的老照片和扫描件。

2. **数据录入**。将采集到的信息进行规范录入，包括口述者信息、时间、地点、主题等要素，这主要通过口述档案基本信息采集表获取。

3. **数据验证**。对录入的数据进行核实校对，确保数据的准确性。这部分往往需要与口述者进行沟通，由他们去确认信息。

4. **数据存储**。将验证后的元数据进行分类存储，确保数据的安全性。

元数据的创建和管理是口述档案管理的重要环节，通过为每个口述档案创建详细的元数据，有助于研究者快速检索相关内容，提高档案的利用效率，充分挖掘口述档案的价值。

二是进行数据库建设。在口述档案研究中，数据库建设是技术应用的重要环节。通过建立系统化的数据库，可以实现对大量口述档案数据的高效管理，促进数据的共享利用。

在进行口述档案数据库建设时，需要遵循以下基本原则：

一是系统性。数据库应具有系统性，这是因为口述档案形式多样，既有文本信息，又有大量录音录像文件，还有老照片和扫描件，数据库应该涵盖口述档案的各个方面，包括档案的基本信息、内容摘要、文本全文、音视频文件等。

二是规范性。数据库建设应遵循规范化标准，笔者在《跨领域科技档案整合与共享策略研究》一文中，对科技档案数据的标准建设进行了一定探讨，同样作为数据，口述档案的数据规范化也可以参考类似方式，通过数据格式标准的确定来确保数据管理的标准化。

三是可扩展性。数据库应具有可扩展性，能够适应数据量的不断增加和研究需求的变化。

四是安全性。数据库应具有较高的安全性，确保数据的保密性、完整性、可用性。

在数据库建设的初期，应了解研究者对数据库的具体需求，明确口述档案数据类型内容，包括文本、音视频、图片等。确定数据库建设所需的软硬件环境。在数据库建设过程中，还需要进行录音录像采集工作，系统地收集口述档案数据。目前来看，收集的主要是口述档案的录音录像、口述档案基本信息采集表、口述史料采集协议书、录音录像转录文字、口述者提供的老照片、相关资料扫描件等，然后进行整理分类，录入数据库。根据口述档案数据的特点，应设计合理的数据模型。

口述档案的数据库应具备以下功能：

第一，数据检索。人们可以通过输入关键词快速检索。还可以根据口述档案的特征，按照预设的分类标签，如时间、地点、人物、事件等，可以进行更有针对性的检索。也要允许组合多个条件进行复杂检索，如同时筛选特定时间段、特定人物的口述档案，以获取更精确的结果。

第二，数据分析。数据库不仅仅是存储、检索数据的工具，还提供了强大的数据分析功能，帮助研究者深入挖掘口述档案数据。主要有统计分析、文本分析、音视频分析。统计分析，即对数据库中存储的口述档案数据进行基本的统计分析，例如统计不同时间段的档案数量、不同类别的档案分布等。文本分析，即利用自然语言处理技术，对口述档案的文本进行主题分析、情感分析、关键词提取等，揭示文本中隐藏的模式。音视频分析，即通过音视频处理技术，提取音频、视频中的关键信息，如语音识别、情感分析、图像识别等，丰富数据分析的维度。

数据库在口述档案研究中的应用不仅限于数据的存储检索，而且包括数据分析等多方面的功能。这些功能极大地提升了研究者对口述档案数据的研究深度，为历史研究提供了强有力的技术支持。

三是打造交互式平台。口述档案在空间分布上呈现分散性的特点，广泛存在于普通老百姓手中，由于人力物力和时间空间的限制，档案部门无法完全应对海量的口述档案采集工作，因此，发挥大众参与的积极性，打造交互式平台，便成了一种可以借鉴的方式。在口述档案研究中，交互式平台的应用能够显著提升公众参与度。通过开发交互式平台，可以鼓励公众积极参与口述档案的采集整理工作，丰富研究口述档案数据，也为公众提供了交流互动的空间，促进了学术交流。通过交互式平台，还可以增强社会对文化传承的关注，推动社会对文化遗产的保护传承。

在设计交互式平台时，需要考虑以下几个主要功能：

第一，口述档案上传。平台应设置便捷的口述档案上传功能，允许公众上传录音录像等口述档案资料。这个功能是平台建设的核心，传统的采集方式成本较高，而平台建设大大简化了采集准备工作。随着手机等的普及，人人都可以成为口述档案的采集者。

第二，口述档案录入和整理。平台应设置信息录入和整理功能，帮助人们将口述档案进行分类和标注整理。由于普通人不具备口述档案采集整理的专业知识，平台在设计时的制式录入方法可以大大提升口述档案数据采集的质量。

第三，自动化处理。平台应具备一定的自动化处理能力，如语音转文字、自动标注等，提高数据处理效率。这个功能需要采用最新的智能转录技术和识别技术。

第四，口述档案查询。平台应设置强大的查询功能，允许用户根据关键词、时间、地点等条件进行查询。随着图像识别技术的发展，还可以支持画面信息的检索。

第五，评论和讨论。平台应设置评论功能，允许用户对口述档案进行评论，促进交流互动。这个功能是为了应对口述档案主观性、模糊性、不确定性的特征而设置，通过讨论可以最大程度还原历史本来的面貌。例如，人们可以在某一口述档案下发表评论，与其他人讨论事件的细节。

第六，用户社区。平台应建立用户社区，为用户提供交流互动的空间，增强人们的参与度。口述档案的主题可以分为多个，以广州市档案发展中心（广州市音像资料馆）的口述档案采集工作为例，可以分为《政协记忆口述档案系列》《广州市退役军人英雄模范口述档案系列》《非物质文化遗产口述档案系列》《名人档案口述档案系列》《我和档案馆的故事口述档案系列》《知青岁月口述档案系列》《家族往事口述档案系列》。建立专题讨论区，人们可以在社区中分享自己的研究成果，进行学术交流。

第七，合作研究。平台应支持合作研究功能，允许研究者共同参与某一研究项目，提高研究效率。例如，研究者可以在平台上发起合作研究项目，邀请其他研究者共同参与数据收集分析。

未来研究实践应着眼于这些方向，不断探索创新，以全面深化对口述档案与社会记忆相互关系的理解，并推动该领域的发展进步。通过信息技术应用，可以更好地挖掘口述档案的价值，为社会记忆研究提供更为丰富多元的视角方法。

3. 口述档案的展示和体验技术创新

口述档案的展示与体验技术创新关键在于利用虚拟现实、增强现实、混合现实和全息投影技术，以提升档案的真实感和吸引力。目前，广州市档案发展中心（广州市音像资料馆）在口述档案的展示方面，主要是通过制作专题纪录片的方式，在微信公众号、声像档案利用室播放口述档案的成片，但在新技术的运用上，还有待进一步提升。例如，技术的进步使得口述档案能够以三维建模、全景视角、交互操作和情境模拟等方式更加立体和全面地展现历史事件或现象。这些技术让口述档案的重现不仅限于视觉上的再现，而是通过沉浸式体验让用户深入感受历史的空间和情境。例如，虚拟现实技术让用户通过佩戴设备进入模拟的三维环境，增强了体验的环境感和氛围感；增强现实技术通过移动设备展示虚拟图像与现实世界的结合，提供了更为细腻的历史细节体验；混合现实技术允许用户在融合虚拟与现实元素的空间中进行互动，增加了历史事件动态的感知；全息投影技术则通过光学手段创造立体图像，让用户能够从多角度欣赏历史场景的形态和特色。同样，声音效果、图像效果、动画效果和特效技术的应用使口述档案的展示不仅仅局限于内容的展示，更提升了展示的生动性、美观性、趣味性和震撼力。声音效果技术能够重现历史声音，提高档案的感染力；图像效果技术通过清晰或模糊的视觉呈现，增强了视觉美感；动画效果技术通过静态或动态图像，提升了内容的动态表现力；特效技术则通过展示普通或特殊的视觉效果，激发用户的好奇心。

以上提到的这些技术创新极大地丰富了口述档案的表现形式，也使得口述档案的收集、整理、保护、存储、传播、展示和体验过程更加高效、广泛和引人入胜。

二、口述档案的数字化和数据管理

口述档案的数字化与数据管理对于口述档案研究至关重要，它们共同决定了口述档案的利用效率和安全保存期限。这一过程覆盖了数字化转换、存储、检索与保护等关键环节，其中有以下几点值得关注。

一是数字化转换。将非数字信息转化为数字格式，关键在于数据的类型、质量、标准，以确保转换质量。例如，文本数据的转化需注意语言、编码、格式，以保障其可识别；声音数据的处理则需关注频率、采样率、压缩率，以确保声音质量；图像数据转换则需考虑分辨率、色彩、压缩格式，以维持图像的真实感。数字化转换使得口述档案的整理、保护、传播更为便捷，同时也丰富了口述档案的展示方式。

二是数字化存储。它涉及将数字化数据储存在合适的设备，需要考虑到数据量、安全性、可用性等因素，确保存储的稳定性。对于大量数据，需要评估存储解决方案的容量、速度和性能，以保障数据的完整性；对于敏感或重要信息，则需考虑加密、备份和恢复措施，确保数据安全；不同类型或来源的数据还需兼顾存储方案的兼容性、标准化和接口设计，以提高数据的可用性和互操作性。通过高效的数字化存储，口述档案的收集、整理、保护以及传播都将更为高效，同时也能提升口述档案的展示和体验的生动性和趣味性。

三是数字化检索。在口述档案研究领域，数字化检索的实施是通过选用合适的工具或系统对数字数据进行搜索或审查的关键步骤，确保了研究过程的效率和有效性。要充分考虑数据的内容架构及其语义性，以确保检索结果的准确性和速度。例如，文本数据的检索依赖于关键词主题分类的明确，以便提高其查找和比对的准确性。声音数据的查询则需关注其发音用语及含义，保证了声音文件的可辨识和可理解。图像数据的搜寻则依赖于其特征标注和原信息的定义。图像的识别和解释，数字化检索的优化，促进了口述档案的有效归档、保护和传播，同时也丰富了口述档案的展示和体验方式。

四是数字化保护。口述档案的数字化保护是采用数字技术和工具来维护口述档案的完整性、可用性和安全性。数字化保护是口述档案数字化流程的核心环节，通过实施一系列策略，确保了口述档案的长期保存和合理使用。保护措施首先包含了数字媒介的存储与备份。口述档案经数字化处理后，可存储于各类电子媒介，如硬盘、光盘或内存设备中。此外，云存储技术的应用及数据在云端服务器的存储，提升了数据的稳定性及恢复能力。定期进行数据备份，以防止硬件故障、资料遗失或操作错误导致数据丢失。保护过程还需考虑数据安全和权限管理。口述档案可能包含敏感内容和个人隐私，应用数据加密和访问控制策略，防止未授权访问至关重要。设定合理的权限模式，确保只有授权人员能够接触和处理数字化的口述档案数据。

（一）数字化可以提高口述档案的可靠性

数字化能够显著提升口述档案的稳定性。数字技术为口述档案研究提供了坚实的技术基础，有效提升了口述档案的质量，具体表现在以下方面。

一是提升档案安全性。数字技术确保了口述档案的高质量保存，并为其安全提供保障。数字技术可以更精确地记录档案。与传统的口述档案相比，数字档案可以利用先进的录音和转录技术，提高语音的清晰度和准确度。例如，数字录音设备提供高清晰度的音质，而转录软件则可以准确地转录语音内容，从而提高口述档案的质量。

二是减少口述档案的物理损伤。作为一种非物理平台，口述档案常以录音录像的形式储存在磁带、光盘、硬盘等介质中。这些存储介质可能会因时间流逝而受到自然或人为因素的损害。磁带容易受到温度、湿度、磁场变化的影响导致内容失真；光盘会因划伤、污点、曝光而使得数据难以读取；振动、碰撞、电压波动会让硬盘数据损坏。与传统的纸质档案相比，数字档案可以存储在云端或其他安全的存储设备中，避免了物理损坏和丢失的风险。此外，数字档案还可以通过加密技术进行保护，防止未经授权的访问和窜改。

三是能够提升口述档案的信息完整性。口述档案作为记录历史事件的直接证据，蕴含着丰富的信息。但是，受限于录音设备的性能、环境条件、录制技术，口述档案的内容存在模糊的情况。例如，录音可能会因设备噪声、信号减弱、频率扭曲而不够清晰、完整；录像中的画面可能因模糊、色彩失真、抖动而影响图像质量；摄影作品也因曝光不当、对焦错误、构图欠佳而损害照片的清晰度和完整性。数字化技术能够通过降噪、增强修复等处理手段，显著改善声音、图像的质量。而数据管理技术则能对文本、数据进行补充、整合、概括，从而确保其内容完整。

四是提升口述档案的可用性。口述档案价值独特，需要被广泛传播，才能实现价值最大化。然而，由于存储空间的局限性、格式的兼容问题、存储环境的限制，口述档案的利用有许多障碍。例如，存储空间面临容量不足、位置偏僻、安全隐患等问题，限制了档案的存储；存储格式的问题导致档案难以读取、共享；不适宜的温湿度、光照条件则影响档案的长期保存。通过数字技术，口述档案可以转换为数字格式，这样减少了对物理存储空间的需求，还提高了格式的兼容性和环境的适应性。数据管理技术的应用，如将档案上传至互联网或云服务器，可实现档案的远程访问、设备间同步，大大增加了档案的可用性。

（二）数字化可以提高口述档案的共享和利用

一是数字化让口述档案在不同设备、平台系统之间的共享成为可能，提高了兼容性。口述档案通常保存在多种媒介，如磁带、光盘或硬盘上，它们的格式和标准各异。数字化技术的应用使得这些档案能够转换为通用的数字格式，通过各类转换和编辑工具，如音频、视频和图像转换器实现不同格式间的互换，从而简化了档案的共享过程。

二是数字化促进了口述档案的发布共享。“数字化后的口述档案形成相应的数据库，表现为口述档案群的形式，馆际之间可以进行网上交流，省去部分传统档案管理程序，查档者可以在线利用，提高检索利用效率。”[85]口述档案作为珍贵的文化资源，越来越被人广泛认知和利用，数字化减少了对物理存储空间的依赖，也增强了存储格式的兼容性和环境的适应性，使档案能够轻松上传至互联网平台。实现了远程访问、设备间同步及团队协作，极大地提高了档案的利用率。

三是数字化提升了口述档案的分析应用潜力。口述档案蕴含丰富的信息和知识，但其庞大的数据量及其复杂性和分散性往往使分析和应用变得困难。数字化和数据管理技术将档案转换为更易操作分析的格式，通过数据抽取生成构建和验证等操作，提高了档案的实用性和应用价值。这包括利用文本挖掘技术，从文本中提炼关键信息，使用数据挖掘技术揭示数值、数据中的模式，运用机器学习、深度学习技术，让计算机自动学习优化数据分析过程，从而深化对档案内容的理解应用。

（三）数字化和数据管理可以提高口述档案的创新和发展

数字技术的应用极大地推动了口述档案的创新发展潜力，这一转变带来了多方面的积极影响。

一是使口述档案研究变得更加多元和富有创造力。作为直接记录历史事件和现象的资料，口述档案原本以声音、影像、图片等形式存储于各种媒介。传统的存储形式可能限制了信息和知识的传播。转换成数字格式后，口述档案的表现形式得以拓展。例如，多媒体技术的利用提升了口述档案的表现力，还提高了其吸引力；虚拟现实技术能够创建三维空间和场景，提升了真实感和沉浸感；增强现实技术通过在现实环境中叠加信息，增强了交互性和创新性；全息投影技术则为口述档案提供了立体展示的可能，带来惊奇感，提升了冲击力。

二是提升了口述档案的系统性。口述档案包含了丰富的信息知识，但数据量大、复杂度高、分散性强常常使得整理分析变得困难。转换为数字格式后，口述档案的可操作性得到了提升。数据管理技术通过抽取、生成、构建、验证等手段，提高了档案的组织性、规律性，使得研究应用更加高效精确。

三是促进了口述档案的研究应用效率。数据的数字化转换和有效管理使口述档案更加容易处理。例如，叙事分析技术可以对口述内容进行系统化分析，提高研究的深度和质量；统计分析技术允许对事件的数值特征进行精确量化，增强了研究的准确性；编码技术将文本数据转换为易于操作的代码，实现了档案处理的自动化和智能化；分类技术按照特定标准对数据进行组织，提高了数据处理的效率和应用的灵活性。

通过数字化和数据管理，使口述档案的发展潜力得到了极大提升，进一步增强了档案的可信度和可靠性，为历史研究和文化传承开辟了新的可能。

（四）数字化和数据管理包容社会记忆的多样性

社会记忆是群体对过去的共同认知，它不仅多样且充满争议，而口述档案则承载着这些记忆，体现了多种价值观。

一是拓宽了社会记忆的来源和内容，使得采集工作更为广泛深入，确保了每个重要声音都得到记录。数字化口述档案的数字化特性使得档案的利用内容涉及面越来越广，数量也越来越多。这意味着更多的人可以参与到口述档案的制作和分享中来，使得社会记忆的记录更加全面和多元。例如，工人、农民、个体工商业者、学生等也成为档案利用的重要群体。非正式的历史记录，如口述历史档案通过数字化可以更好地采集保存，它涵盖了主流历史忽略了的人物事件，为历史的多维性增添了新的维度。数据管理技术则对这些资料进行系统化分析，揭示历史规律，提高了历史的理性。

二是提升了社会记忆的表达方式。数字记忆项目如“数字敦煌”工程、“中国记忆”项目等，通过数字化的手段整合了历史人物、古迹、文物、档案、古籍、家谱、方言、乐曲、影像等多种信息资源。这种多资源的互补和多媒体的连通，不仅丰富了社会记忆的内容，也提供了更多样的表达形式，如数字化的地图、音频档案、虚拟现实体验等，这些都大大丰富了社会记忆的表达方式。由此可见，多媒体技术使得记忆以图像、音频、视频等形式呈现，VR、AR技术提供沉浸式体验，数字记忆项目不仅仅是传统信息资源的数字化，而是利用数字技术的优势，如数据分析、可视化技术等，来深化记忆资源的理解和表达。这种深度融合不仅提高了记忆的信息价值，也提升了其艺术和审美价值。所以，大数据分析、数据可视化技术提供了数据的深入解析。这些技术使社会记忆更加生动有趣，还提升了用户的感官体验和情感共鸣。互联网平台、社交媒体的使用则扩大了社会记忆的传播范围。同时，数据管理技术为社会记忆提供了在线互动的可能性，如评论、讨论、反馈，这使得社会记忆变得更加开放，促进了人们的交流合作。通过这些技术的应用，社会记忆的多样性和争议性得到了充分的尊重，档案信息不受时间、地点的限制，直观地为人们所认识和利用，使得记忆的传承变得更加丰富活跃。

三是可以促进和协调社会记忆的交流对话。数字化与数据管理在促进社会记忆交流对话方面起到了重要作用，营造了开放平等的交流环境，同时达成了共识，避免了矛盾的激化。例如，集成和重组不同来源的口述档案，构建了一个更完整、系统丰富的档案信息资源库，提供了一个全面的视角。这种做法不仅反映了历史中各群体的多样角色，而且丰富了历史观点。通过分析比较参与者的口述档案，揭示社会记忆中的不同视角，同时深入探索不同主题的口述档案，能增加对历史规律的理解。

四是保护社会记忆的真实性和完整性。通过对档案信息的降噪、增强、修复，可提高信息的完整度，同时确保档案信息的原貌。数据管理通过清洗、校验、修复档案信息，提高了信息的质量，并通过加密、签名、备份保护档案信息，防止信息窜改、丢失、损坏。使用各种编辑分析工具，既提升了数据的质量，也保留了原始数据，以满足不同用户的需求。

五是可以分析和解释社会记忆的规律特征。数字化与数据管理的结合使得社会记忆的规律特征得以深入分析，还促进了档案信息的多样化表达。具体而言，数字化手段通过多媒体化、多维度、多角度方式展现档案信息，显著提升了信息的感知度、理解力、共享性。同时，数据管理通过智能注释，提升了档案信息的易用性。利用文本挖掘和数据挖掘技术，从口述档案中提炼出关键信息，如关键词、摘要、主题，同时确保对原始数据的完整保留，以供用户根据需求进行阅读分析。此外，文本、数据分析工具助力对档案信息的深度解析，促进用户对信息的理解应用，同时强调尊重档案中多样的视角，避免片面的解释。

六是可以整合创新社会记忆的应用服务。在整合创新社会记忆的应用服务方面，数字技术提高了档案信息资源的系统性和丰富性，还提升了其拓展性和变现能力。例如，通过数据库、平台技术和网站建设，不同的口述档案资源得以有效整合与重组，构建成统一、全面的档案信息平台，为社会记忆的应用和服务提供了更广泛的可能性。同时，利用机器学习、深度学习和人工智能技术，对口述档案内容进行创新性开发和应用，推出富有创意和智能化的产品和服务，可进一步提升社会记忆的应用水平和服务质量。

（五）数字化和数据管理可以创新和优化口述档案研究方法和工具

1. 数字化和数据管理可以创新优化口述档案的研究方法

“现代信息技术的创新推广为口述档案的深入发展提供了强有力的物质保障。数字化存储、网络化互接、资源化共享、智能化服务都是口述档案工作尚需拓展研究的领域。”[86]数字化与数据管理的结合为口述档案研究带来了新的方法工具，它提升了口述档案的采集、传播、利用的便捷度。数字化技术使得口述档案能够以多媒体、多形态、多语种、多平台的方式进行转化展示，从而满足不同用户的需求，增强了人们对口述档案的理解，数据管理技术通过数据挖掘分析，使口述档案揭示更多信息，提升了其价值。例如，笔者用EDIUS编辑工具，对口述档案中的录音录像数据进行编辑，以提升完整性，并转换成各种媒体形式、语言版本，以满足用户不同需求。比如将非物质文化遗产的视频档案转化为文字描述，并辅以图像或动画展示其特色记忆，或者把城市记忆的音频内容翻译成多种语言方便全球用户理解其内涵，通过文本挖掘和数据挖掘技术，从口述档案中提取关键信息和知识，如关键词、摘要、主题，并以表格、图表、地图等形式进行呈现，便于人们理解。例如利用文本挖掘技术，从抗日战争的口述档案中提取核心内容和主要方面，使用词云图或主题模型进行展示，或者利用数据挖掘技术从乡村发展的口述档案中提取数据，通过柱状图或折线图展示发展趋势和影响因素。机器学习、深度学习和人工智能技术的应用，使得口述档案的数据创新、开发和应用变得更加多元、智能和创新，例如使用机器学习进行情感分析，根据用户的情绪状态推荐相应的口述档案，利用深度学习进行语音或图像识别，根据用户的输入检索相关档案内容，以及应用人工智能自动编码口述档案，满足用户的需求。总之，数字化与数据管理为口述档案研究的方法和工具带来了革新，极大地增强了口述档案的可理解性和传播的实用性。

2. 数字化和数据管理可以创新优化口述档案的研究工具

技术方法在口述历史档案领域为口述历史档案研究提供工具切入点，改善口述历史档案资源形态，并为最终实现知识发现提供前景预判。数字化与数据管理研究方法和工具，在口述档案及社会记忆领域获得了创新与优化，显著提升了口述档案的安全、便捷、效率、效果以及创新与创造力。数字化流程确保口述档案的长期保存、安全保护以及远程访问，而数据管理强化了资源的整合、共享与应用，促进资源优化和价值创造。具体来说，应用数据库、平台、网站等技术，将口述档案按类型、来源、主题或问题整合，构建全面的口述档案数据库或平台，简化了用户的检索和浏览流程，同时借助云计算、区块链、物联网等技术，促成了不同地点、机构或群体间的档案共享与交流，形成了一个开放安全、智能的口述档案网络。机器学习、深度学习和人工智能的应用进一步推动了口述档案产品和服务的创新，如通过情感分析推荐内容或利用语音图像识别技术满足用户个性化检索需求。此外，创意工具如诗歌、故事、歌曲生成器的使用，艺术化的转换和呈现口述档案，提升了其美感和趣味性。总之，数字化与数据管理的应用增强了口述档案的安全与便捷，还推动了研究工具的创新优化，开拓了口述档案的新境界，提升了其效率、效果与创新能力。

（六）口述档案的数字化和数据管理实践案例

在我国，有一些地方已经开始了口述档案的数字化和数据管理的实践探索，并取得了一些成果，以下是一些典型的实践案例。

一是抗疫口述档案。2020年新春，新冠疫情肆虐，举国上下积极应对。档案工作者通过口述档案等方式留存社会记忆，铭记这段共同战“疫”的历程。广州市档案发展中心（广州市音像资料馆）开展了“口述历史——抗疫战士”记忆工程，用口述历史的方式记录一线抗疫战士援鄂的英雄历程，并通过数字化和数据化管理的方法，对口述档案进行了整理、分析、利用和展示，为世人讲述了有温度有情怀的抗疫故事。

二是云南少数民族口述历史档案。云南各个少数民族都有熟悉和掌握本民族历史文化的土司、毕摩、东巴、巫师、长老、民间艺人等，少数民族口述历史档案就是他们以口耳相传的方式，一代代传承下来的，反映本民族社会历史、生产生活状况的口碑档案。[87]云南省档案馆从1980年代开始对这些珍贵而濒危的口述历史档案进行了大量的收集整理工作，并利用数字技术对其进行了保护利用。

三是非物质文化遗产口述档案。非物质文化遗产是指各族群创造并传承下来的各种口头传统、表演艺术、社会风俗、礼仪节庆、知识技能等无形的文化资源。非物质文化遗产口述档案是指为保护利用非物质文化遗产而对相关传承人或社区进行有计划地采访所形成的录音或录像资料。非物质文化遗产口述档案是非物质文化遗产保护工作中不可缺少的重要组成部分。[88]然而，非物质文化遗产口述档案建构中还存在采集、开发利用意识不到位，采集标准、录入方式不规范，[89]非物质文化遗产口述档案的可信度遭受质疑，非物质文化遗产口述档案价值挖掘不力，建档存储不完善等问题。为了解决这些问题，一些地方开始尝试运用数字化和数据管理技术对非物质文化遗产口述档案进行保护和利用。这些档案反映了各民族的社会、历史和生活状态。非物质文化遗产口述档案的建设是保护工作的关键环节，尽管存在采集标准不统一、可信度受质疑等问题，一些地方已经开始尝试使用数字化和数据管理技术来解决这些问题。广州市档案发展中心（广州市音像资料馆）多年来对广东省非物质文化遗产代表性传承人口述档案进行采集，已经形成大量非遗项目的口述档案，后期将录音录像的模拟信号转化为数字信号，对非物质文化遗产代表性传承人口述档案进行数字化管理，提高管理质量。“李建伟构建了口述梅州侨批史料数字仓储系统，从发现视角实现口述历史档案资源标引加工、知识揭示与主题索引，提取关联内容，如某个有价值的故事情节、数据、场景等，根据这些线索从海量数据库聚合更多主题相似的数据。”[90]

四是中国人民抗日战争纪念馆数字化项目。中国人民抗日战争纪念馆的数字化项目由该馆主持，旨在数字化保存和展示馆藏的抗战文物、资料，为研究抗战历史提供支持。项目包括抗战时期的军事文物、文献资料、图片资料，全面反映了中国人民抗日战争的历史细节，增强了历史记忆的真实感和生动性。

三、口述档案与社会记忆研究的跨学科合作和实践案例

口述档案与社会记忆研究融合了多学科的理论方法，如历史学、社会学、文化学、心理学等，依托于这些学科的深度合作，促进了研究的创新优化。

（一）跨学科合作可以拓宽口述档案与社会记忆研究的视野和范围

跨学科协作拓宽了研究的视野，深化了对口述档案的多维分析，突

破了单一学科视角的限制。具体来说，跨学科合作允许我们从多角度审视口述档案，例如，历史学视角帮助我们理解这些档案如何记录历史的演变，社会学视角则着眼于这些档案在社会关系中的位置，文化学视角探讨它们承载的价值观念。

1. 通过历史学的视角

口述档案以其平民性、多元性的特点，记录了不同社会群体从个人、家庭到民族、国家层面的历史记忆。从历史学角度分析，口述档案与社会记忆的研究可以沿时间轴探究其形成演变的过程。它们是在特定历史背景下产生，记录了历史事件的发展，也映射了当时社会的思想情绪。例如，通过研究中国抗日战争期间的口述档案，可以深入了解当时人民的抗战经历。口述档案的流传反映了它们在不同时代社会群体中的传播机制。这些档案的变化展示了它们如何随时间变化而变化，从而在新的历史条件下重塑。总之，通过历史学视角，口述档案与社会记忆研究能够从多维度深入探讨这些档案如何记录反映历史事件，从而丰富人们对历史和社会记忆的理解。

2. 通过社会学的视角

“基于对档案基本属性——社会记忆属性的本质性认识，把档案与社会、国家、民族、家庭的历史记忆联结起来，强调档案是一种社会（或历史、集体）记忆，含有‘集体记忆的关键’。”[91]从社会学的视角出发，探究口述档案与社会记忆，揭示了其在不同社会结构、动态和变化中的作用和意义。这一视角强调了空间因素在口述档案中的重要性，包括它们在社会群体、组织、网络和场域中的分布、流通和交互模式。首先，口述档案的分布特性反映了它们在空间上的分散或集中，揭示了社会空间的特点、属性和意义。例如，非物质文化遗产的口述档案通常固着于具有明显地理、生态和文化特色的地区，如村庄、城镇或市场，这些档案记录了地方的自然和社会特征，也塑造了地方的文化形象和生活方式。其次，口述档案的传播路径展示了它们如何在空间网络中移动，受到距离、障碍和联系的影响。移民故事的传播经常跨越地域，通过航线、铁路和公路网络传递，这些故事的流动受到政策和文化因素的制约，也在目的地和途经地带来人口、经济和文化的变化。最后，口述档案与社会记忆的互动在不同的空间场所和场景中展现了它们的交流和共享机制，受空间氛围、规则和秩序的影响。在公共场所如博物馆、展览馆和讲座中，口述档案的交流和共享受到空间设计和布局的影响，也塑造了观众的空间体验和认知。

综上所述，通过社会学的视角分析，我们可以深入理解口述档案与社会记忆在社会空间中的作用，以及它们如何在不同的社会群体和组织中分布、传播和互动，从而影响和反映社会结构、行动、关系和变迁。

3. 通过文化学的视角

文化学视角提供了对文化符号、语境、价值和意义的深入理解。该视角突出了口述档案所承载的文化元素，以及它们在文化传递和变革中的作用。首先，口述档案构成了一个独特的符号体系，利用语言、图像、声音等多样的符号形式来传递人们对过往经历的理解和感受。分析这些档案的符号性，揭示所采用符号的特性、优点、局限，以及其构建的意义的层次、结构和内涵。例如，口述历史通过对话形式记录历史的多样性和复杂性，它结合了文本、音频和视频记录，融合了事实陈述和情感表达，同时包含了个人和集体的视角。其次，口述档案的生成和解读都深受文化语境的影响。分析它们的语境性，可以理解这些档案依托的文化元素或模式，以及它们如何适应或改变不同的文化环境或需求。非物质文化遗产的口述档案，例如，通过记录日常生活中的技艺或习俗，展示人类文化遗产的多样性，它们既展现了地方特色，也具有全球意义。最后，口述档案作为一种宝贵的文化资源，对于理解自我、他人和世界具有重要价值。分析它们的价值，可以发现它们所体现的价值观和取向，以及对人们价值判断和选择的影响。口述文学作为一种文化表达，通过叙述人们的生活故事和感悟，分享了文化体验和创造，它既具有审美价值，也有教育意义。

总之，文化学视角从符号维度深入探讨口述档案的文化内涵，以及这些档案如何在文化认同、传承、创新和交流中发挥作用，进而影响和塑造文化现象。

（二）跨学科合作可以丰富口述档案与社会记忆研究的理论和方法

跨学科合作为口述档案与社会记忆研究提供了理论方法的完善。这种合作引入了其他学科的理论方法，使研究更系统化，增强了研究的创新性。

1. 历史学的理论方法

历史学的理论方法为口述档案和社会记忆的研究提供了深刻的历史文本分析工具。口述史的研究方法是生动的和综合的，治史者必须首先从传统观念中解放出来，在准备、进行及总结各阶段都要训练有素，在工具的运用上要采用技巧，在观念上树立口述史学的“明确思想特性”和“复杂又细致的内在技巧”。历史学的理论方法使我们能够深入探究特定历史时期的社会、文化、政治背景。通过文本分析，如语义、语法、修辞分析，历史学家能够解读历史文本中的深层意义，从而揭示当时的社会结构、价值观。此外，历史学的方法还有助于背景研究，帮助我们更全面地理解历史文本，包括通过历史文献、考古资料获得的背景信息。历史学的理论方法还能揭露文本中的隐含意义，进而分析这些关系对社会的影响。

历史叙事分析方法允许我们通过口述档案的个人回忆来还原历史事件的真实面貌。这些档案的主观性为历史事件提供了独特视角。同时，社会记忆的研究揭示了政治、文化、社会因素如何影响历史事件的解释。结合口述档案和社会记忆的研究，历史叙事分析揭示了历史事件的多重意义，提供了对历史事件多维度的理解。

历史比较分析为不同文化背景下口述档案和社会记忆形成演变提供了理解。通过比较分析，可以揭示共性和差异，深入了解各地区文化的历史经验。比较分析揭示了不同历史时期之间的联系，帮助理解历史的连续性。这种分析还有助于判断历史记忆中的偏见，促进对历史事件、人物更加客观的认识。

总体而言，跨学科合作通过引入历史学等学科的理论方法，丰富了口述档案与社会记忆研究理论方法，提升了研究的全面性和深度。

2. 社会学的理论方法

社会学的理论方法为口述档案与社会记忆的研究提供了深入的科学观察、分析解释工具。这些理论方法涉及社会学本体论、认识论、方法论，三者共同构成了社会学研究的基础。

社会学本体论聚焦于社会现实的本质、结构、功能，旨在探讨社会的构成要素、存在原因。这一理论范畴有助于全面解读“社会是什么”

的问题，为理解社会科学的本质提供了独特的视角。社会学认识论关注社会知识的起源、性质、价值，探讨社会知识的形成过程、意义。这部分理论为解读“如何认识社会”的问题提供了全方位的理论支持，使人们加深了对社会知识的理解。社会学方法论涵盖社会研究的逻辑、程序、技术，重点在于如何进行有效的社会研究、选择适当的研究方法，确保研究质量。这一方法论为解答“如何研究社会”的问题提供了全面的指导，强调了研究过程的严谨性、系统性。

在口述档案与社会记忆的研究中，社会学的理论和方法有助于从微观到宏观的不同层次系统地分析口述档案与社会记忆的形成、传播和变迁过程。口述档案，作为记录个人或集体经历、观点和情感的重要档案形式，是社会记忆的关键载体之一。社会记忆，作为社会集体对过去事件的共同认知、评价和表达，构成了社会认同和文化传承的基础。运用社会学的概念、理论和方法，可以全面探讨口述档案与社会记忆之间的关联性和互动性。在探讨口述档案与社会记忆时，不同社会组织的角色不容忽视，它们是具有一定规则和目标定义的社会单位，展现了独特的组织结构、文化和目标。这些组织的口述档案与社会记忆因其特性而有所差异，要求我们分析组织间的协作、竞争、变革及其对组织效能、变迁的影响。例如，组织理论可以用来解析政府、企业、社会机构在口述档案方面的合作性、竞争性、变革性。

作为具有行政管理职能的组织，政府机构引导着国家或地区的历史发展、社会治理，形成了特有的社会记忆。这些机构间的协调、监督、改革需求，以及政府责任、效率问题，都可以通过公共管理理论来分析，以理解政府机构在口述档案中的协调性、监督性、改革性。

企业机构是以营利为目的的生产服务组织，是参与市场经济运作的竞争主体，同样形成了自己的社会记忆。探讨企业机构间的合作、竞争、创新，以及企业战略、文化、责任问题，可以借助战略管理理论来完成，以揭示企业机构在社会记忆方面的合作性、竞争性、创新性。

社会机构是指从事公益活动的非营利组织，如基金会、协会、非政府组织。它们在社会问题的解决中扮演着重要角色，拥有自己的服务方式，形成了独特记忆。分析这些机构间的沟通协作、社会需求、资源效益问题，可以利用社会服务理论，以理解社会机构在口述档案方面的沟通性、协作性。在分析口述档案与社会记忆的社会网络维度时，考虑到社会网络是由个体、群体组织的节点，以及它们之间的关系、交流、资源连接构成的复杂结构，所以我们应当深入了解不同网络形态、内容、功能如何影响口述档案与社会记忆的流动、扩散、演变。这涉及网络结构、影响力、治理机制等方面的问题。网络分析、社会资本理论的视角有助于揭示家庭网络、朋友网络、专业网络在口述档案与社会记忆中的流动性、扩散性、演化性。

家庭网络，作为由血缘或婚姻关系建立起来的基本社会单位，通常具有个性化记忆，因为家庭成员间共享历史经验、文化传统、价值观念。家庭功能、变迁等方面的问题需要通过生命史方法来探讨，以理解家庭网络在传承口述档案与社会记忆方面的特征。

朋友网络，由彼此认识、信任的个体组成，也可能形成特有的口述档案，这些记忆源于共同的兴趣爱好。朋友网络的内部交流分享，可以通过情感分析方法来考察，以揭示朋友网络在社会记忆方面的交流性、分享性。

专业网络，由从事相同或相关领域的专业人士组成，他们分享专业领域的历史经验、知识技能和信息资源，形成了共同的口述档案与社会记忆。专业网络的内部和外部学习、合作和创新，以及专业认同、发展和贡献等方面的问题，需通过专业领域的理论来探讨，以理解专业网络在口述档案与社会记忆方面的学习性、合作性和创新性。

口述档案与社会记忆在不同社会场域中的发展与演变是研究的另一重要领域。社会场域是由参与者、关系和规则构成的社会空间，各自有着独特的结构、文化和逻辑。因此，探究场域间口述档案与社会记忆的产生、流转与演化，以及场域力量、冲突与协调等问题显得尤为重要。场域理论或文化分析方法能够揭示政治、经济、文化等场域在口述档案与社会记忆方面的生成性、流动性和变化性。

政治场域，作为权力竞争的舞台，由从政者构成，他们共享政治事件、理念和利益规则的历史经验。研究政治场域中口述档案与社会记忆的构建、传递与影响，以及政治主体、策略与结果等问题，政治史理论或话语分析方法可以提供深入的理解，揭示其构建性、传播性和影响性。

经济场域，是由经济活动参与者组成的利益交换空间，拥有共同的经济发展经验、模式选择和效益分配规则。探讨经济场域中口述档案与社会记忆的创新、合作与竞争，以及经济主体、行为和结构等问题，经济史理论或案例分析方法能够洞察其创新性、合作性和竞争性。

文化场域，是由文化活动参与者构成的意义创造空间，它们共享文化变迁、多样性认同和价值评价的历史经验。研究文化场域中口述档案与社会记忆的表达、交流与反馈，以及文化主体、形式和功能等问题，文化史理论或叙事分析方法能够揭示其表达性、交流性和反馈性。

3. 文化学的理论方法

文化学的理论框架与方法论为口述档案的文化符号分析提供了有力的工具。这种分析揭示了口述档案内蕴含的文化象征及其与社会记忆的深层联系。首先，文化学提供的分析框架有助于解读各种文化象征，如语言、象征物、符号、艺术品等，这些象征性的表达形式根植于特定的文化背景。应用文化学的视角，我们能够认识这些文化符号背后的深层意义及其象征作用，并探索它们如何与社会记忆相互作用。

进一步地，口述档案作为记录个体与群体经历的珍贵历史资料，通过对其进行文化符号的挖掘，可以重构和还原社会记忆。例如，分析口述档案中的语言使用、象征物的呈现以及艺术品的刻画，可揭示不同历史时期和社会环境下文化符号的演变，从而理解社会记忆的生成与发展。此外，文化符号的分析还有助于解读口述档案中的隐喻和象征意义。口述档案中记录的记忆与经历通常反映了个体的视角和体验，而文化符号作为共享的象征系统，有助于我们洞悉这些个人叙事中的深层含义。分析这些文化符号，我们能够探究其隐含的意义，而且能够更全面地理解社会记忆的复杂性和多维性。

（三）跨学科合作可以促进口述档案研究的应用

通过跨学科合作，可以对口述档案进行应用化、服务化、价值化的开发，结合其他学科的应用需求，提高研究的实用性。

1. 利用口述档案来丰富历史教育的内容形式，提升历史教育的效果

历史教育旨在培养学生对过去、现在和未来的认知，在这一过程中，口述档案提供了多维度的支持：口述档案作为历史教材的补充，能

够带领学生深入理解不同时代的历史，培养学生的多元化视角。在广州市档案发展中心（广州市音像资料馆）的口述档案利用实践中，在声像档案利用室定期播放口述档案专题片，内容包括红色历史、英雄事迹、先进典型等。这些专题片丰富了参观者的观感体验，让红色文化入耳入脑入心。同时，系统整理《光荣在党50年》采集成果，与市委组织部、各推荐单位共享采集信息，用于宣传优秀共产党员，发挥典型示范作用，进行爱国主义教育。[92]再如，通过口述档案展示抗日战争时期民众的生活，能够让学生感受战争对普通人的深远影响，增强对国家和民族的归属感。同时，口述档案也可以作为历史教学活动的素材，让学生亲自参与口述档案的采访过程，培养学生的实际操作能力。学生可以在老师的指导下，选择一个感兴趣的历史主题，联系合适的口述者，并完成预约、准备和访谈等步骤，掌握口述档案的技巧。学生也可以对收集的资料进行整理分析，运用历史思维进行研究，还可以将口述档案制作成文字、音频、视频等进行展示，从而发挥学生的创意。

2. 利用口述档案来促进社会建设、社会治理、社会参与等方面的工作，提高社会发展的水平

社会建设涉及改善社会结构、增强社会功能、提升社会效率，“通过社会建设，可以实现社会资源的合理配置与调控，以促进社会良性运转与协调发展，这意味着社会建设不仅要形成一种科学调配社会资源、社会机会、社会权利的体制机制，还应对社会矛盾、社会问题、社会风险做出准确判断，从而培养出规避社会风险、处理社会矛盾、协调社会问题的能力和主体”[93]。所以，社会建设的目的在于促进社会更加公平、和谐、进步。社会治理则通过制定和执行规则、制度、政策等，维

护和调整利益、权力、责任关系，以保障社会秩序的稳定安全。社会参与通过各种渠道，鼓励人们参与社会事务的决策监督，以增强权利意识，从而激发社会活力。在此框架下，口述档案可作为促进社会公平运动的动力，比如反贫困、反歧视、反暴力，通过激发弱势群体的自我认同和赋权，发挥其在社会运动中的动员作用。社会运动，作为人们组织起来实现共同目标的集体行动，通过口述档案，展示弱势群体历史上遭遇的不公或暴力，唤起对权利的关注和维护，也增强了对自身价值和尊严的认同感。同时，展示这些群体的历史贡献和成就，可以激励他们对自我能力和潜力的信心，促进其发展。此外，“口述历史档案同传统意义上的档案一样是社会实践的原始记录，具有凭证价值。”[94]例如，在法律诉讼中作为证据资源，有助于不同利益相关者进行沟通。它们提供的历史事实，可提升公共事务的公信度，还可以提供历史经验教训，为社会正义和法律诉讼提供有益参考，促进对话合作。

3. 利用口述档案来推动文化交流，提高文化活力

口述档案能够有效促进文化创新与交流，从而提升文化活力。文化传承关注保护、传播、更新某种文化形式或内容，确保其能够持续得到刷新。文化创意则通过创新、改造、整合等方式，赋予文化形式或内容以新的生命。文化交流强调不同文化间的影响，主要通过交换、对话、合作等实现。

以此为基础，口述档案成为传承非物质文化遗产的宝贵资源。“‘非物质文化遗产’指被各群体、团体、有时为个人视为其文化遗产的各种实践、表演、表现形式、知识和技能及其有关的工具、实物、

工艺品和文化场所。”[95]口述档案可以详细记录非物质文化遗产的来源、演变过程、所承载的价值观，为这些文化遗产传承提供详尽且丰富的历史资料，非常有教育意义。例如，广州市档案发展中心（广州市音像资料馆）在《广东省非物质文化遗产传承人》口述档案采集项目中，通过口述档案记录沙湾飘色、沙湾醒狮等民俗活动，尤其是对于非遗传承人的采访，能够让人们深刻理解这些习俗的文化内涵，增加广东人的文化认同感。

同时，口述档案还能够传承非物质文化遗产的表现技艺。通过记录苗族等民族的芦笙舞、藏族锅庄、柯尔克孜族的《玛纳斯》史诗等，能够让人们体验这些文化表现形式，还能够深入了解其背后的精神特质，另外“口述岭南工艺”团队推进的“口述岭南盆景”项目和提线木偶戏传承人口述史等，能促进文化的广泛传播，增强文化的吸引力。

口述档案可作为创新艺术展示、广播节目、戏剧表演及舞蹈编排的灵感来源，为公众带来新奇而吸引人的文化体验。艺术的多样表达形式，通过视觉、听觉和触觉等感官体验，将思想和情感以新颖的方式呈现。这些记忆资源为各种艺术创作提供了丰富的素材。

利用这些珍贵的口述资料，可以制作富有创意的展览或广播，直观且生动地向公众传达文化信息，提升大众对文化遗产的认知与兴趣。例如，创作涉及中国近现代重要历史事件或人物的展览和广播节目，如抗日战争主题，利用图片、声音、视频等多种手段，展示事件背景、影响和评价，加深公众对历史的理解与认识。

同样，口述档案也能够为戏剧和舞蹈等表演艺术注入新鲜血液，通过独特的方式，触动观众的心灵，激发共鸣。

（四）跨学科合作和实践探索案例

近年来，一些地区已经开展了口述档案与社会记忆的跨学科研究与实践，取得了初步成果。以下是几个典型案例：

钱力成教授在其论文《记忆研究的未来：文化与历史社会学的联结》中，从意义和时间性两个维度出发，阐述了记忆研究如何通过与文化社会学、历史社会学的融合来拓展其研究视野。文章以“想象的共同体”为研究对象，探讨了民族主义、民族国家、印刷资本主义等概念与记忆如何相互作用。

《至柔至韧至暗至美锦绣和平——梁雪芳刺绣艺术展展览画册》是一个由侵华日军南京大屠杀遇难同胞纪念馆与苏绣艺术家梁雪芳发起的项目。通过将南京大屠杀的历史事件与刺绣艺术相结合，用细腻的丝线展现历史的阴暗面。项目以刺绣艺术品为主要展示对象，再现了南京大屠杀的悲惨场景和幸存者的经历，同时通过文字和图片资料进行补充说明，创作了一部集艺术性、教育性、纪念性于一体的展览画册。这一项目展示了历史学、艺术学、文化学等学科的融合，以及纪念馆、艺术家、公众等社会各界的合作与互动。

刘亚秋教授的专著《口述、记忆与主体性：社会学的人文转向》，从口述史和社会记忆的角度出发，深入探讨了中国人的精神世界及其社会性特征。书中提出了“关系型记忆”与“义务型记忆”新概念，并以知青群体为研究对象，通过口述访谈和文献分析，揭示了知青群体的主体性形成、社会认同和文化传承。该专著反映了社会学、历史学、口述史等学科的融合，体现了作者对费孝通“社会学的人文性”议题的深刻理解和思考。

第六章　口述档案与社会记忆的应用

一、口述档案在历史研究、社会发展、文化传承、教育、公共政策制定中的应用

口述档案在历史研究、社会发展、文化传承、教学方法和公共政策的制定上表现出广泛的适用性，以下是对其在各个领域应用的具体介绍。

(一) 口述档案在历史研究中的应用

记忆是口述史研究的核心议题。19世纪末以来，传统史学强调历史研究应框定在明确可靠的官方档案及文献史料的范围内的观点受到激烈的抨击，研究者提倡在关注官方历史档案等研究资料之外，也要关注平民大众的非正式资料。正是在上述背景下，社会学开始进入口述史研究领域。口述史一方面突破了传统史学过于专注精英史研究的局限性；另一方面，因其记录普通百姓的生活，以其特有的生动性与鲜活性被冠以“会说话的历史学研究”。简言之，作为已存在的和流传的事迹与传统之外的一块“白板”，口述史自诞生之日起就倾向于在宏大的国家叙事之外，通过自下而上的方式回视与打捞“沉默”的历史，对既有历史进行补白成为其核心追求之一。[96]口述档案，作为一种个体或集体对过去事件、人物、场景的回忆、访谈、记录的历史资料，为历史研究提供了独特而宝贵的一手资料。这种资料丰富了

历史研究的素材库，也引入了新的研究视角。利用口述档案，在历史研究中可以实现以下应用：

首先，口述档案有助于补充其他历史资料，提升研究的完整性。由于文献资料、实物证据、图像等可能存在缺漏，口述档案通过记录人们的见证，能够弥补这些资料的不足，从而提高历史研究的全面性。

其次，口述档案可以丰富中国近代史中重要事件或人物的细节和背景信息，使历史研究更加深入和全面。例如，通过口述档案，可以深化对辛亥革命中各地革命活动的理解，展现其不只是领袖人物的贡献，而且是广大民众共同努力的结果；通过探索梁思成和林徽因在建筑和文学成就之外的社会参与，揭示他们作为爱国者的多面性。

最后，口述档案对于验证中国近代史中有争议事件或人物的实情和评价具有重要作用，有助于历史研究的客观性和公正性。如，通过口述档案考证娘子军在抗日战争中的角色，展现其作为女性的英勇，还强调其在推动妇女解放和社会发展中的先锋作用；通过研究白求恩在中国抗战贡献的口述记录，凸显其不仅为医学奉献，也为中国人民和国际主义精神作出了不朽贡献。

口述档案的独特价值在于揭示那些文献资料、实物证据、图像等无法充分反映的历史现象，从而提升历史研究的深度。通过记录个体的感受、思维、评判等，揭示他们对历史事件的主观理解，帮助揭开那些其他资料难以展现的历史事实，从而丰富历史研究的层次。

此外，口述档案为挖掘中国近代史中那些被忽略的事件或人物提供了渠道，使得历史研究更为广泛。口述档案同样适用于深入挖掘涉及个人情感的历史事件，使历史研究更为细致。例如，通过口述档案研究城乡迁徙等对千家万户产生的深远影响，能够让人们体会到这些变迁对普通人生活的深刻影响，增进对普通民众生的理解。

实际案例有以下几个：

《中国轻纺城发展口述史》项目。该项目是浙江工业大学之江学院绍兴市布商研究中心负责人郑雅萍研究员，带领团队成员通过口述史的方式，访谈了100位典型人物，以普通人身份，从不同视角生动反映中国轻纺城的发展轨迹、体制改革、经济贸易、科技创新、文化创意、社会治理、管理服务等内容，全方位展示中国轻纺城改革发展历程，深度解码中国轻纺城的成功逻辑，为研究中国经济社会发展提供了珍贵的历史资料。[97]

《西柏坡口述史》（张同乐、张军锋编著，河北人民出版社，2020年）。本书对于推动西柏坡历史研究进一步走向深入意义重大。全书呈现三大鲜明特色。其一，形式新颖、资料翔实。形式新颖，是就呈现方式而论。全书有两种呈现方式。一是西柏坡口述历史。此部分为上篇，共计10章，从细节入手，探讨了中央工委、中共中央在西柏坡领导土地改革、指挥战略决战、解放全中国以及谋划成立新中国的历史。二是西柏坡口述实录。此部分为下篇，整理了齐明臣、刘长明、童小鹏、费孝通、雷洁琼等18位亲历者的口述资料，章百家、张宪文、吴景平、蓝英年、戴建兵、蒋永敬、张玉法、刘维开等16位中国学者的访谈，以及李敦白、齐赫文斯基、阳和平、特里尔、罗其韬、高念甫6位海外学者的访谈资料。[98]书中资料主要取材于口述资料、学人著作、文献、论文、当时报刊、馆藏档案5类，颇为丰富。尤其需强调的是，著者运用搜集整理的大量海内外口述资料，同时结合大量档案资料，以新的视角、生动的话语、清晰的历史细节，再现了中共中央在西柏坡的历史，实现了口述与文献的二元互证。这些历史当事人的口述，使得该书极具资料价值，而档案文献资料的运用，则凸显了西柏坡时期这段历史所具有的学术研究价值。

《父辈的岁月："零零后"口述家史》项目。该项目是以新一代"00后"为研究对象，鼓励他们记录36个家庭中父辈的生活。该项目展现了年轻一代对家族历史的探索，也反映了他们在身份认同和价值观形成上的传承，为探究中国当代社会变迁提供了新的视角。在社会进步的背景下，口述档案展现了其对历史研究以外的独特贡献，特别是在推动社会进步方面的潜力。

（二）口述档案在社会发展中的应用

口述档案不单丰富了历史研究，在促进社会进步方面同样扮演了不可或缺的角色。

1. 口述档案促进了社会教育和公益事业

口述档案充满生命力，通过真实人物的经历，展现了历史事件变化的细节。这种亲历者的视角能激发人们对历史问题的反思，提升公众的历史知识水平。通过口述档案开展的历史社会教育能够显著提升人们的社会责任感。口述档案为人们提供了历史事件的见证，成为历史社会教育的重要资源，进一步增强了公众的社会意识。口述档案的应用范围广泛，例如，杭州市城建档案馆开展杭州城建记忆工程，旨在通过档案征集和口述采集方式，推出一批城建档案开发利用精品，以此展现城市建设成就、丰富城建记忆资源、传承城建文化脉络，助推杭州打造文化繁荣、精神富有的一流历史文化名城。

2. 口述档案推动了社会创新发展

“口述档案还可以多层次、多角度地反映社会的文化内涵、国家精神和历史风貌，尤其在饮水思源、凝聚民心、发扬爱国精神、弘扬优秀传统文化等方面发挥着‘润物细无声’的作用。”[99]因此，口述档案不仅是社会历史发展变迁的人证实录，更是推动社会创新发展的重要力量。口述档案作为推动社会创新与发展的重要资源，记录了不同领域先锋者的经历与智慧，展现了领域内的发展动态与创新成就。这些档案为社会提供了可借鉴的经验与启发，激发了人们追求进步的动力。同时，口述档案本身也是一种创新的社会产品，当其与多样的媒介与技术融合时，便形成了新颖的表现形式与传播途径，满足了人们对多元化信息的需求，推动了社会经济与文化的发展。口述档案的利用可以促进社会创新的广泛分享。社会创新是通过新产品、服务、流程、模式的引入或改进，解决社会问题，满足社会需求，提升社会发展水平。通过群体的视角，详细介绍社会创新活动，使得社会各界能够共享创新智慧，提升整体创新效率。

（三）口述档案在文化传承中的应用

口述档案是非物质文化遗产的重要组成部分，承载了语言、文字、音乐、民俗等丰富文化传统，显现了民族精神与智慧。口述档案可以通过图书、影视、展览等形式进行广泛传播，让人们深入学习民族文化，增强民族自豪感，进而促进民族团结，保持文化多样性。口述档案在文化传承方面的应用可从多个维度进行探讨：

1. 口述档案在传承民族文化中的作用

口述档案作为记录民族文化传统的非物质文化遗产，为保护传承民族文化提供了独特的传播途径。口述档案丰富了民族文化的历史资料库，也创造了新的表达形式。口述档案对民族文化的保护传承作用主要体现在以下几个方面：

一是有助于保存民族文化，提升文化保护的效果。民族文化反映了特定民族或地区人们在漫长历史进程中创造的物质财富和精神财富的成果，展现了人们的历史经验、生活哲学、价值观念。口述档案往往蕴含着浓浓的民族情结，这些档案中许多都体现了一个民族的心理意识、价值观念，甚至感情趋向。“滨城戏韵·大连京剧口述史”“今夜村里唱琼剧”“上海电影老艺术家口述历史”“共和国之声：中国播音口述史”“大影节30周年口述史”“安徽文艺名家口述史”“老一辈出版家口述实录”等，通过口述档案讲述民族文化经历，使得这些文化的精髓得以记录保存，从而加强文化的保护传承。

二是在记录保存语言文字层面的民族文化方面发挥着关键作用。口述档案能够帮助人们了解方言的发展变迁历程，揭示地域特色等多维度的信息。例如，广州市档案发展中心（广州市音像资料馆）在口述档案采集工作中，有许多本地口述者使用粤语进行叙事。那么通过记录作为汉语方言中最古老、保守的粤语，保留了古汉语的诸多特征，还融入了南方少数民族语言的元素，形成了独特丰富的声调、词汇、语法体系，反映了岭南地区的历史变迁和文化多样性。

三是口述档案在音乐艺术领域的民族文化保存中同样扮演着重要角色。通过这些档案，人们能够理解歌曲、器乐、戏曲等音乐艺术的形成、发展和传播过程，体会其情感表达、审美趣味、社会功能等深层次的文化价值。温州市文化艺术研究院于2009年启动温州戏曲口述历史项目，通过当事人生动的叙述，让南戏历史更加丰富、完整、鲜活。项目先后采访了30位温州地方艺术历史的亲历者和见证人，包括国家级和省级传承人，各艺术工种，各剧种中有成就、有影响、有代表性的演职人员。2023年，“南戏故里活态记忆——温州戏曲口述历史”项目在第九届中国口述历史国际周展出，引起很大反响。“戏曲作为一种综合表演艺术，口传心授是它独特的传承方式。戏曲家们作为活态的艺术载体，其作品凝聚着各自的人生观和世界观。”“通过采访、搜集来挖掘戏曲背后的历史记忆，从字里行间去解读戏曲就显得尤为必要。”“访谈本身，就是一种传承。”在收集到大量采访内容后，温州市文化艺术研究院于2017年出版《温州戏曲口述史》，于2020年出版《温州越剧口述史》。“温州戏曲口述历史通过关注‘个人创作与体验’去反观‘历史建构’。”杨祥银教授表示，“温州戏曲口述历史项目以温州近现代戏曲史上有代表意义的戏曲艺术家的个人口述为基础，建构了一种能够反映20世纪温州戏曲发展整体历程与图景的集体记忆。”这些都展示了中国传统文化的精粹与魅力。

口述档案能够有效地展现并扩散民族文化的丰富内涵与多样表现，从而提升该文化的知名度与社会影响力。作为一种充满活力和创新能力的文化形式，民族文化维护了其独有的传统与特色，能与其他文化相互交流与融合，带来新的演变与发展。口述档案通过记录人们对民族文化的感知、思考与评价，揭示了文化的主观意义及对个人和社会的影响，从而促进了民族文化内容与形式的展示与推广。

口述档案同样在传播民族风俗习惯方面起到了关键作用，如通过美食、服装、礼节等方面的描述，使人们深入理解这些习俗的起源、含义及作用，以及它们所体现的生活观念、人际关系与社会规范。例如，广州市档案发展中心（广州市音像资料馆）通过采访车陂村龙舟博物馆馆长的口述档案，可以向人们介绍端午节的历史文化意义，纪念古代爱国诗人屈原，还传达了中国人对健康、和谐生活的追求，通过各种习俗如品尝粽子、赛龙舟、悬挂艾草等，表达了人们对自然的感恩。

在实践中，口述档案在传承民族文化方面有多个案例可以参考。例如，《中国轻纺城发展口述史》通过访谈浙江绍兴中国轻纺城的100位典型人物，展示了绍兴轻纺业的发展历程和成就，也反映了绍兴地区的文化特色与民间风情。《见证百年：西安口述史》选取了西安不同领域的杰出人物进行访谈，展现了西安在过去100年的建设与发展，同时也展示了作为古都和多民族聚居地的历史底蕴与文化魅力。《砚园聆涛　乐海钩沉——第四届全国音乐口述史学术研讨会暨全国音乐口述史学会年会论文集》收录了众多关于中国音乐口述史的研究，覆盖了中国音乐史、民族音乐、流行音乐等多个领域，探讨了音乐口述史的理论与方法，展示了中国音乐文化的深厚内涵与多样表现。

2. 口述档案可以保护和传承民族技艺

口述档案在保护与传承民族技艺方面扮演着重要角色。它作为记录非物质文化遗产信息的个性化口述记录，展现了活态的存在、流变的传承以及技艺的综合性等特点。[100]通过知情者的亲身经历，口述档案能够补救性地保存那些尚未形成书面记载或正面临失传风险的民族技艺，为后代提供不可多得的文化财富。通过这种方式，民族技艺的保护与传递可以得到以下几个方面的加强：

口述档案的记录与整理有助于保留民族技艺的精髓与特性，从而提升这些技艺的保护力度与传递范围。民族技艺是某一民族或地区人民长期历史积累的物质与精神成果，反映了他们的历史经验、生活哲学、价值观及审美情趣。个人或群体通过口述档案分享自己或他人的民族技艺经历，使得这些技艺得以记录与保存，从而提升了民族技艺的保护与传承力度。

口述档案的应用也能够详细记录刺绣领域的民族技艺，如刺绣所使用的工具、材料、图案以及技法等，让人们深入了解刺绣的历史起源、文化含义与审美价值，从而提升刺绣技艺的保护意识与学习兴趣。例如，通过口述档案记录苗族刺绣，展示了苗族刺绣作为中国刺绣中极具代表性与影响力的一种，其使用的色彩、线条、图形等元素，以及包含的对自然、社会、宗教的信仰与象征，展现了苗族文化的核心与魅力。同样，口述档案也能够详细记录陶瓷制作的民族技艺，如陶瓷的原料、制作过程、装饰手法与品种等，让人们了解陶瓷的历史演变、科学原理与艺术风格，从而增强对陶瓷技艺的保护意识与欣赏能力。例如，通过口述档案记录景德镇陶瓷，揭示了景德镇作为中国著名的陶瓷产地，因其优质的瓷土、精湛的制瓷技术、多样的装饰手法、丰富的品种形式而闻名，还因其体现了中国传统文化的气息与精神，被誉为“中国瓷都”。此外，口述档案项目“黎锦龙被”“针刺无骨花灯”“汝瓷恢复烧造口述史”“敦煌彩塑传承人口述”等展现了民族技艺的活力和创新力，成了推广这些技艺的内容与形态，提升其认知度和社会影响的关键工具。这类技艺保留了其传统特色，而且能够与其他技艺互动融合，带来新颖的变革与发展。口述档案从创作者和体验者的角度出发，记录了他们对接触到的民族技艺的个人看法和感受，这展示了技艺的多样性和丰富性，也提高了其知名度和影响力。

以广州市档案发展中心（广州市音像资料馆）拍摄的广东潮州珠绣技艺为例，以录音录像为载体的口述档案能够详细介绍珠绣的材料、工具、设计图案、实际应用等方面，让人们深入了解珠绣的制作流程、表现形式、文化意义，以及其在日常生活、节日庆典中的重要作用。口述档案中珠绣大师还展示了其在颜色使用、材料选择、工具运用方面的多样性，以及其精美的花鸟、人物图案设计，反映了广东地区文化的多样性。

广州市档案发展中心（广州市音像资料馆）还对广东木雕技艺进行了拍摄，并采访了非遗传承人。木雕技艺的口述档案介绍了木雕的材质选择、雕刻工具、技术方法、作品类别等，让人们了解木雕的艺术创作原理、美学特点方面的独特之处，还有在建筑装饰、家具制作中的应用价值。而在其他地区的口述档案采集中，如福建木雕，口述档案则拍摄了其使用多种木材、刀具、雕刻技巧，创造出独特而精美的花卉、动物、人物图案，展现了福建地区的繁荣文化。

3. 口述档案可以弘扬民族文化

口述档案在弘扬民族文化方面具有独特价值，“伸延了人类的记忆，延续了各民族语言、文艺、风俗、人文掌故和遗闻轶事等民间文化遗存，成为存在于传承人记忆中的‘活档案’”[101]。这种档案通过记录普通人的生活经验和文化观感，揭示了民族文化的深厚底蕴和多样表现，既传承了民族文化的优良传统和核心精神，也通过融合多种媒体和技术手段，引入了创新的表达和传播方式，满足了人们对多元文化体验和消费的需求。

一是通过口述档案展示民族文化的独特魅力，可以有效提升人们对这些文化的认识。民族文化，作为一个民族或地区人民在漫长历史进程中形成、延续的物质、精神成就，映射了其历史记忆、生活方式、价值观。个体通过回忆、对话、记录、分享民族文化，能展示这些文化的独特性，增强人们对这些文化的了解。例如，口述档案能够生动展现歌舞文化的多样性，口述者通过介绍歌舞的形式、内容、意义，让人们深入理解其文化含义、艺术风格，还有它在娱乐、情感表达、社交互动中的角色。口述声像档案还可以通过展示藏族歌舞，揭示其动人魅力，反映藏族文化的精神面貌。同理，通过介绍美食文化的制作过程、特色风味、营养价值，让公众了解美食不仅仅能满足口腹之欲，更是健康生活方式的体现，也是社会交往的桥梁。例如，对广东美食的拍摄，突出了其丰富多样、精致美味的特点，展现了广东地区的开放性。

二是可以利用口述档案来创作推广民族文化的新作品，提高民族文化的活力。口述档案的运用在民族文化的创作推广方面开辟了新的途径，为文化创新提供了重要支持。这种文化既蕴含了旺盛的生命力，也能够通过与其他文化的互动融合，带来全新的变革与进步。通过采集人们对新创作的民族文化作品及其形式的直观感受和思考，口述档案促成了民族文化新作品和新表现形式的诞生，从而提升了民族文化的活力。特别是在诗歌领域，口述档案能够揭示诗歌创作的灵感源泉、技巧运用和所表达的效果，增进人们对诗歌在情感表达、文化传递和艺术想象激发方面的功能和价值的理解。以民族诗歌为例，口述档案的应用展示了其使用多样的语言文字、音律韵律和修辞技巧，还体现了对自然、社会和生活的深刻观察和独特感受，彰显了民族文化的独特魅力和丰富多彩。

（四）口述档案在教育领域的应用

口述档案作为教学资源，在历史、社会学及文化研究领域发挥了重要作用，提供了一种独特的视角，帮助学生深入理解并体验历史人物和事件。通过详细记录学校历史，例如，通过采访校友及其家人，收集保存学校各个阶段的重要记忆，这些珍贵的档案资料为学校历史的研究提供了宝贵的第一手资料，同时也丰富了校园文化，帮助师生感受到校园的温暖，继承与促进了学校的精神传承。作为教学方法，口述档案可以促进学生参与到档案的收集、整理分析中，培养他们的研究创新技能。比如，2021年11月11日，由中国传媒大学主办的“第七届中国口述历史国际周”通过纪录影像展映、国际研习营、口述历史项目展、国际研讨会及口述历史项目特别分享活动等形式，呈现了国内外口述历史团队的最新研究、实践成果，多角度、多领域地探讨和反思国内外口述历史的发展历程与现状。

（五）口述档案在公共政策制定领域的应用

口述档案在制定公共政策方面发挥着关键作用，为决策者提供了全方位、多角度的视角和见解，有助于人们深入理解公共议题的历史背景、现状及发展动向，从而制定出更科学、高效和公正的政策。以广州市档案发展中心（广州市音像资料馆）开展的《抗疫战士》项目为例，该项目涵盖了2020年新冠疫情期间医护人员、科研工作者、政府职员和媒体工作者等众多领域人士的亲历叙述和感悟，提供了关于疫情及应对措施的深刻见解和评价。这为这场重大公共卫生事件留下了珍贵的一手资料，也为抗疫英雄们提供了表达勇气与智慧、分享历史记忆和生命体验的舞台。该项目对社会记忆的贡献表现在以下几个关键方面：首先，它记录并传承了抗疫英雄们在危机应对中的独特经历和宝贵记忆，为全面理解和认识这场公共卫生危机提供了关键证据；其次，它展现了抗疫英雄在评估和反思危机中的复杂思维和多样视角，为深入分析和评估疫情提供了多维度的理解；最后，它促进了抗疫英雄在预防危机中的个人和集体记忆的形成，激发了他们的社会责任感和公民意识。此外，这些珍贵的资料和成果为未来的公共卫生政策制定和危机管理提供了重要的经验教训，为应对未来可能的挑战提供了参考和启示。

口述档案作为信息传播和互动的工具，架起了决策者与公众之间有效沟通的桥梁，有助于增强双方的理解与信任，同时提升公共政策的透明度与公众信任度。举例来说，广州市档案发展中心（广州市音像资料馆）在《光荣在党50年》口述档案采集项目中，记录整理了中国共产党百年历史口述档案，通过图书、网络、展览等多样化的方式，向公众广泛传播中国共产党重要历史事件。不仅让人民群众能够更直观、深刻地理解党的奋斗历程和取得的伟大成就，而且有效进行了红色文化教育。

同时，口述档案还充当了关键的信息反馈工具，它帮助决策者收集并分析人们对政策满意度、期望值、建议，从而评估政策的实施效果，及时发现并解决政策执行中的问题。例如，中国农村研究院口述史调查项目已近10年，目前已形成“一纵一横”的农民口述史调查体系，“一纵”是以土为生的农民60年，计划从1952年的土地改革开始，延伸至1958年的人民公社化运动，1978年土地承包责任制，再到21世纪的土地流转、土地确权等；“一横”是指土地口述史调查覆盖农村妇女口述史、农村妇女干部口述史等。

在整个口述史调查中，“以土为生的农民60年”聚焦农村土地制度变迁中农民的行为与观念，展现大时代中的小人物，宏观制度下的微观个体，已陆续完成土地改革口述史调查、合作化运动口述史调查、人民公社化运动口述调查等系列，共访谈16836位农民，3.3亿字的口述调查报告，这对于社会科学研究和政府决策具有重要价值，也为理解农民的当前需求提供了独特视角。通过记录农民在社会变革中的经历，为探索中国农村的历史变化和现状问题提供了生动的一手资料，同时反映了农民作为社会参与者的活跃社会记忆，为评估农村发展政策和提高农民生活质量提供了宝贵的参考。

二、口述档案与社会记忆研究的未来发展方向

口述档案与社会记忆研究紧密相连，共同探索人类如何用语言、文字、图像和声音等手段来记录、保存、传播以及重新构建过去的经验和文化。作为一种主要通过口头访谈搜集和整理个体或集体历史记忆的档案类型，口述档案向社会记忆研究提供了宝贵的原始资料和历史记录。社会记忆研究，借助于社会学、历史学、文化研究等学科视角，旨在分析和解释个体或集体对过去的理解、评价与表达，这为口述档案的收集、保存和应用提供了理论基础和方法论指导，也促进了这一领域的发展与深化。尽管口述档案与社会记忆研究在过去数十年已取得了一系列进展，但仍面临着挑战和问题，亟待通过持续的反思和创新来加以解决。以下将从口述档案与社会记忆研究的未来发展方向进行探讨，特别是对于主体性的关注。

（一）口述档案研究需要更多地关注主体性

主体性关乎个体或集体在其历史、文化和社会背景中的自我认同、立场和价值观，以及他们在不同环境下展现自我意识和实现自我能动性的能力。这一维度对于口述档案研究至关重要，因为它影响着口述者如何回顾和讲述自己的历史，也决定了采集者如何解读口述者的记忆。尽管如此，实际研究中主体性往往受忽略或被过分简化，导致相关研究缺失深度。因此，未来需要从以下几个方面加强对主体性的研究。

1. 尊重口述者的主体性

尊重并深入探索口述者的主体性是关键。要认识到口述者并非仅仅被动地回应或重述他人赋予的历史叙述，而是拥有独立的见解、情感和评判，展现了选择、反抗和创新的能力。研究过程中，应当努力恢复口述者本人的声音，避免过分引导、干预或对其言论进行不当解读。例如，广州市档案发展中心（广州市音像资料馆）在采集口述档案时，要求采集者优先采用开放式提问，鼓励口述者自由表达个人记忆，而非通过封闭式或引导性问题框定其回答。例如，询问“您对这段历史有何感想或记忆？”优于“您如何评价这段历史，是正面还是负面？”在整理口述材料时，应保留口述者原有的措辞和语调，以便彰显其个性和情感，而非用一种标准化或统一的语言风格替代，以免失去口述者独有的特质和情感。广州市档案发展中心（广州市音像资料馆）在整理口述档案文字时，尽量保留粤语原有特色。在分析口述资料时，应致力于理解口述者的视角和逻辑，确保其意图和动机被恰当解释，而不是采用与口述者背景和经验不符或相悖的外来标准和逻辑来进行评判或否认。例如，运用与口述者背景和经验相符合的理论或方法来分析其记忆，而非使用不相关或对立的理论框架。

2. 反思采集者自身的主体性

反思采集者自身的主体性至关重要。采集者需认识到自身并非以客观中立的姿态记录口述者的记忆，而是带有个人的立场、假设及目标，采用特定的方法、理论、范式。因此，在进行口述档案研究时，采集者应明确自己的研究问题，避免对口述者记忆的简化。例如，制定研究问题时，应确保研究目标与口述者的记忆相连，确保研究问题与口述者记忆的关联性。确定研究范围时，应选择多样化的口述档案，以展现口述者记忆的复杂性，可以考虑多元背景的口述档案。采用研究视角时，应利用互补的理论方法，确保研究视角能深入理解口述者的记忆。可以综合运用不同领域的理论方法。

3. 探索并建立口述者与采集者之间的主体性对话

在研究口述档案的过程中，双方是信息的传递者和接受者，还应作为独立的主体和合作伙伴，通过互动交流，共同促进社会记忆的构建，这样不仅有助于提升口述档案的价值，丰富社会记忆，而且有利于对历史文化的理解。

为了促进口述者与采集者之间的主体性对话，应做到以下几点：

一是要尊重口述者的权益。采集者应认识到口述者不仅是档案的提供者，也是档案的拥有者。他们有权决定自己的口述内容、形式、范围，了解其口述如何被利用，有权对自己的口述作出修改或撤销。因此，在采集利用口述档案时，必须尽最大努力获得口述者的同意，保护其隐私，避免造成任何负面影响。例如，广州市档案发展中心（广州市音像资料馆）在口述档案采集实践中，采集者与口述者签订《口述史料采集协议书》，通过协议方式确保口述档案的利用目的，明确口述者的权利。

二是强调口述者的主体视角。采集者应认识到口述者不只是历史的见证人，而且是历史的阐释者。他们的口述映射了对历史事件的个人理解，拥有不可替代的价值。因此，在分析口述档案时，必须努力还原口述者的独立声音，尊重其立场，避免作出任何判断。

三是探索口述者与采集者之间的主体性对话。采集者应认识到口述档案研究并非单方面的信息传递，而是双向的互动交流，有潜力孕育新的价值。因此，在利用口述档案开展社会记忆研究时，应尽可能与口述者保持沟通，分享研究成果，征询反馈，并在可能的情况下邀请口述者参与研究过程，形成合作研究的模式。例如，广州市档案发展中心（广州市音像资料馆）出版《广东省非物质文化遗产传承人口述档案集萃》，目标是采集、整理、保护广东省非物质文化遗产的口述档案，并将其作为社会记忆研究的珍贵资料。在访谈过程中，采集团队不只获得了传承人的同意，保障了他们在访谈中的自由表达，出版档案汇编时也邀请了非遗传承人审阅、修订自己的访谈，确保了内容的真实性和准确性。此外，部分访谈内容被制作成纪录片，在广州市档案馆的微信公众号以短视频的形式播放，引起了社会的关注，让传承人的口述成为历史研究的宝贵资料，也成为社会记忆的重要载体。

（二）口述档案研究需要更多地关注多样性

口述档案研究，要认识到个人在历史、文化、社会背景上的差异带来的冲突。多样性展现了口述者和采集者在选择记忆与叙述方式上的差异，还揭示了不同记忆之间的对立可能性。遗憾的是，多样性在研究过程中经常被忽视，使得研究缺乏开放性。因此，未来研究需更加重视多样性。

1. 扩大并丰富口述档案研究的对象范围

一是扩展口述档案研究的对象范围。应纳入不同个体、群体、地区、国家、文化的历史记忆。这些不同主体的选择研究，从多维度理解他们的历史记忆，直接影响研究的广度。每个研究对象都可能带有独特的口述内容，展现不同的记忆功能。例如，在口述访谈对象的选取上，许多项目组已经将口述对象从老年人扩大到更为宏观的社会现象及其相关人群，“高原文物守护者口述史”“红旗漫卷浪激鹏湾”“深泽县红色故事”“宾县籍抗美援朝老兵访谈”“留守儿童心灵状况观察与记录”“黄河滩区乡村振兴影像图志”“内蒙古电影博物馆创建史”“赣州老影院口述史”“白云热线开通20周年口述历史”“新时代浙籍全国劳模口述史研究”都是口述档案研究的重要参考。

二是关注那些在历史和社会变迁中被遗忘的口述档案。包括那些因为种种原因而被忽视的个人、群体、文化等，他们的历史记忆没有被充分保留，有消失的风险。在采集、整理、分析口述档案时，要努力保护这些边缘化的记忆，确保它们受到重视，反映历史社会的复杂性。

三是比较分析不同的口述档案。要认识到在不同时空中，口述者会对同一历史事件有不同的叙述。这些记忆基于不同的依据，展现不同的表达方式。在整理、保存、利用口述档案时，应比较分析这些不同的记忆，以相互印证补充，揭示历史社会的差异。

在整合口述档案的过程中，必须认识到当代社会通过不同的方式交流互动，人们的历史记忆相互影响，产生新的价值。因此，当应用口述档案时，应努力实现口述档案的整合创新，促使它们相互借鉴学习，体现历史社会的共性。

例如，广州市档案发展中心（广州市音像资料馆）在整理、出版《南粤追梦人口述档案整理研究》的项目时，广泛覆盖广东各个领域、各个行业的代表人物，他们的口述内容展现了广东发展中各个领域的声音。整理工作应考虑粤语、表达习惯，但也应满足书面出版及易于普通读者理解的需求，进行充分整合，体现历史社会发展在整体上的一致性。

再如，全球华人移民口述档案的搜集、整理、保护和展示项目。搜集过程中应覆盖全球各大洲和国家的华人移民，选择不同时期、迁移原因、方式、目的的移民者，以反映华人移民的广泛性和多元性。整理这些档案时，需按照华人移民的语言、方言习惯进行，同时考虑其生活环境和社会互动，展现华人移民的适应性和交互性。保存工作应采用数字化技术，且与其他档案资料相结合，确保华人移民历史的连贯性和完整性。展示时，根据地域和主题进行，与其他展览活动相协调，彰显华人移民的多样性和活力。

2. 对比口述档案研究的不同视角、方法

在探究口述档案时，必须意识到不同学科、领域、流派提供了各自独特的理论框架与分析工具，为理解和解释口述档案的内容、形式及其意义和价值的探索与创新提供了多样化的视角和方法。这种多样性和丰富性深化了研究的层次和范围，因为各个视角和方法论都有其关注焦点、优势以及局限。

要有效地比较口述档案研究的多元视角和方法论，以下几点策略至关重要：

一是深入了解并评估各种研究视角和方法论的价值和局限。鉴于学术界已对口述档案进行了广泛研究，这些研究基于不同的学科理论和实践经验，为口述档案研究贡献了独到的见解。因此，深入探索这些不同视角和方法论，如其核心理念、优势、局限和适用场景，是选择适合自己研究方向的重要步骤。

二是从不同的研究视角和方法论中借鉴整合。现实世界的复杂性要求我们采用灵活多变的方法来应对口述档案研究中的问题。没有单一视角或方法能够完全解答所有问题，因此，根据研究的具体对象、目标和背景选择和结合不同的视角和方法论，是达到更加深入和创新研究成果的关键。通过分析不同视角和方法论之间的相似性、差异性、互补性和相互作用，可以构建更为全面和深刻的研究方案。

三是发展新的口述档案研究视角和方法，这一点在学术界的持续演变中尤为明显。现有的研究途径可能不足以覆盖新浮现的或将来可能遇到的问题。因此，基于最新的理论趋势、实际需求和技术进步，创新和发展新的研究视角和方法论变得尤为关键。在进行口述档案和社会记忆的研究时，探索和采用具有创新性、有效性、适应性和前瞻性的新方法论和视角，能够拓展研究的视野，深化理解，并探索更有意义的研究方向。

（三）口述档案与社会记忆研究需要更多地关注创新性

创新性关注在历史、文化、社会变迁中个体或集体如何引领变化，创造新机遇与应对挑战。这反映了口述者与研究人员在记忆与叙述上的持续适应，而且揭示了不同记忆间的互动变化的动态。尽管如此，研究实践中创新性常受限，使口述档案与社会记忆研究显得缺乏新意与远见。因此，展望未来，研究应更多聚焦于创新性，并在以下几个关键方面实现突破：

1. 要利用并发展口述档案研究的新技术和新媒介

由于科技进步与社会变迁，研究条件与环境的持续变化要求采纳新技术与媒介以提升研究效率与品质。利用那些创新的科技与媒介手段来收集、整理、分析、展示、传播及应用口述档案，同时从多维度和层面提高研究效率与品质。新技术和媒介的采用与发展对口述档案研究的广度和深度产生直接影响，因为不同技术和媒介各具特色与优势。

为了充分利用与发展这些新技术与新媒介，必须采取以下措施：

一是深化网络化渠道的应用。网络化手段的探索与创新，增加了口述档案的普及范围和参与度，还为其注入了活力与趣味。因此，研究工作中应大胆运用网站、博客、社交论坛等平台进行档案的征集与发布；运用微信、微博、抖音等社交软件进行归档与传播；依托云存储、区块链技术确保档案的安全；引进人工智能与大数据手段对档案内容开展深度分析与挖掘。同样，借由虚拟现实与增强现实增加档案的沉浸式体验，利用网络直播与视频会议提高交流互动，以游戏化和叙事化的具象途径提升档案资料的创意与应用。以博客为例，博客是分享研究心得、交流学术思想的重要平台。通过建立研究博客，可以促进研究者之间的交流互动，提升研究的社会影响力。创建研究博客，定期发布学术研究的最新动态。例如，开设“口述档案与社会记忆研究博客”，分享研究进展，进行学术讨论，促进学术交流互动。邀请领域内的专家学者在博客上开设专栏，撰写文章，探讨口述档案的理论和实践问题，提升学术影响力。通过在博客文章下方设置评论区，鼓励读者留言讨论，研究者可以及时回复评论，促进交流互动。再比如，通过利用社交媒体平台，可以增强口述档案研究的社会影响力。开设研究机构的社交媒体账号，定期发布研究动态和活动信息。例如，创建“口述档案研究中心”微信公众号，发布学术活动预告、口述档案故事等内容，吸引公众关注。在广州市档案发展中心（广州市音像资料馆）的工作实践中，通过微信公众号不定期上传口述史料，利用社交媒体平台发布多媒体内容，如图片、视频、音频等，增强信息的传播效果。还可以探索开展“口述档案故事分享”活动，邀请公众在社交媒体平台分享自己的口述档案故事，促进互动交流，增强研究的社会影响力。

二是开拓并利用可视化手段扩展口述档案研究的表现形式与认知维度。通过制图、时间轴及各种直观图示，使用成像、视频、动画等手段进行口述档案的深入剖析，通过平面设计如海报、画册、展板等将研究成果直接向公众表达与传递。创意地应用图形、符号、颜色等元素亦将为口述档案的应用与创新拓展广泛的空间，还增添审美的魅力与说服力。

2. 要探索并建立口述档案研究的新领域和新议题

在口述档案与社会记忆研究的过程中，还需挖掘和确立新的研究范畴与议题。我们需要领会，伴随历史的变迁、社会的更迭，我们的研究焦点也要不断迭代，这迫使我们要开垦没有涉足的新领域，呈现新时代的风貌。新的研究范畴和议题通过研究多样的内容与形式，赋予口述档案更多价值。

因此，应当采取以下措施去不断尝试：

一是紧跟时代脉络。要理解时代在演变中的新期待，既是领会历史和社会千变万化的关键，也是使研究与时俱进的动力。例如，环境议题、全球移民潮、数字时代的波动所带来的全新话题与视野。要用心探查这一时代中个体与群体维度上的期望、态度、行为，为我们探究崭新研究范畴与议题提供新的启迪。根据《2023年中国口述历史观察报告》所述，2023年口述历史议题进一步丰富，体现出对社会的全景观照。其中既包括经典议题，也包括引发关注的特定社会现象与公共话题。不同项目组根据自身的优势，从同类选题中挖掘出了不同价值的内容。比如在近年发展迅速的“机构史”领域，校史、村史相关的口述项目令人耳目一新。此外，医疗口述史领域中也出现了一批令人印象深刻的作品。部分项目组已多次参展，却始终保持着探索和创新。部分深耕口述历史的机构和组织也在不断实践，与此同时，一些项目引入了全新的观察角度，如“川菜寻游记口述历史实录”“中国科幻口述史”“中国普什图语从业者口述史”“创业者如是说”等项目组在口述实践中发现了新领域的记忆矿藏。

二是汲取跨学科精华。在环境保护、全球化的移民流动、网络文化的研究上，不乏宝贵的跨领域成果与丰富经验，这有望开阔我们的眼界，更能够丰富研究的维度与方法。例如，参考环境学、移民学、数字人文的研究成果与思考，可以给予我们口述档案的采集方向全新的看法和实践，也有利于更新对口述档案所持的固有观念。

三是创新个性化的研究方法。当涉及新研究领域和议题时，往往缺乏成熟的研究框架，因此必须依据研究对象、目标、背景等要素，自行设计和实施研究计划和方法。例如，在口述档案的研究中，创新地设计访谈问题、精心选择访谈对象、灵活采用不同的访谈方式、运用先进的访谈分析技术等，都是为了达成既定的研究目标和效果。

3. 要挖掘口述档案研究的新价值

在推进口述档案研究的过程中，应创造出新价值，并将其广泛传播。这不仅仅是为了重现历史，更是为了服务当下，甚至塑造未来。在这个研究领域内，价值创造与意义传播的重点在于找出能够对现代社会产生积极贡献的因素，同时为未来的发展提供指引。这些价值意义的创造与传播对口述档案研究的目标有着直接的影响，它们涵盖了多样的内容形式，吸引了不同的受众群体。

为了实现这一目标，我们需要采取以下措施：

一是强化研究的核心主题和传达的信息。研究时，应当有一个鲜明的主题和清晰的信息，以便于观众了解研究想要表达的内容以及表达这些内容的原因。因此，在研究中我们应当明确这些主题和信息，例如通过标题、摘要、引言等元素概述研究的核心，利用论点、论据、论证等手法支撑这些主题和信息，最后通过结论、建议、展望等环节对研究进行总结。

二是针对特定受众和场合进行内容定制。在研究中，我们需要考虑到期望影响的受众和适合的场合，以确保研究内容更加符合受众和场合的需要。应当选择和适配我们的受众和场合，例如通过调研分析受众的背景、兴趣、期望，通过调整语言、风格、格式来适应受众的水平、偏好、习惯，并通过选择合适的媒介、渠道、时机来促进受众参与。

三是提升研究的表现形式与方法。在研究中，我们应不断开发新颖的表现形式和方法，以使研究内容更加生动，并引起受众的兴趣。这就要求我们创新并完善研究方法，比如运用图形、符号、颜色等手段增强内容的视觉效果，通过故事、比喻、引用等手段提高内容的感染力，以及通过互动、游戏等手段提升受众的参与度。比如口述档案作为创作方法开始进入艺术创作领域，如影片《吾爱敦煌》《我本是高山》等，都借用了口述历史的记录风格。广州市档案发展中心（广州市音像资料馆）的《口述历史之抗疫战士》采集项目，收集和整理了抗击新冠疫情的口述档案，而且还将其作为研究社会记忆的重要资料。在研究实施过程中，该项目清晰地界定了自己的主题和信息，即展现中国人民在疫情中的坚韧和不怕牺牲，分享在这一挑战中积累的智慧和经验。同时，采集团队针对国内各界人士，尤其是医务工作者和科研人员、政府官员等群体，运用书籍、报告、论文等形式传递信息。用故事、比喻、引用等手法讲述抗疫者的心路历程，通过互动和创作的形式展现抗疫者的行动。

三、口述档案的社会影响和意义

对口述档案的研究超越了学术研究的范畴，它们深刻地参与社会实践，对社会产生了广泛影响。不仅为社会提供了宝贵的历史文化资源，还有助于提升社会认同感。口述档案的存在，反映了社会的多样性、复杂性、动态性。

（一）口述档案可以为社会提供历史文化资源

这些记录个体经历的方式，增进了我们对历史文化的理解，还弥补了其他历史文献的不足，揭示了被遗忘的历史文化现象。这些资料的独特价值在于：

一是提供第一手资料。口述档案基于个人的经历和主观体验，呈现历史文化的真实面貌，丰富细节和内在含义，展现变化过程。这种第一手资料对历史文化的理解至关重要，它补充、修正、丰富了其他史料，使得历史文化的呈现更为全面生动。

二是展示多元视角。传统文字形式的档案，只记录事件发生的时间、地点、人物等信息，它是死板的，读者无法根据这些文字记录，描绘出受访者在事件发生时心情、感受，也无法呈现事件的细节、体验并捕捉受访者的情感。口述档案从个体的视角，揭示历史文化的复杂性、差异性。这种多元性的价值在于呈现和比较不同的观点，批评传统史料中的问题、缺陷。

三是激发新的探索。口述档案促进了对历史文化的新见解，揭示可能性。这些新资料鼓励我们拓展研究领域，启发新思想，促进社会发展。

因此，口述档案的研究和保存，是对过去的记录，更是一种对现在和未来具有影响力的社会实践。通过深入挖掘和传播这些宝贵的资料，我们能够促进社会更加深刻地理解自身的历史和文化，进而形成更加团结和谐的社会环境。

（二）口述档案为社会提供教育内容和公共空间

口述档案在传播个人和群体经历及文化传统方面，扮演了重要的角色，为教育与公共空间的建设提供了丰富资源。这些档案促进了历史和文化的学习交流，拓展了教育资源和公共参与的领域。通过听取和阅读这些亲历者的经验，学生与大众能够深入理解不同历史时期和文化背景下人们的生活状态及价值观，从而开阔视野，激发同理心，培养批判性思维。同时，口述档案为公共空间提供了内容和活化方式，通过展览、讲座等多种形式，使人们能够共享和体验历史记忆与文化传统，进而促进社会的对话和理解。口述档案能为教育内容和公共空间贡献如此多的创新资源，主要得益于以下几点。一是生动性。基于亲历者的经验感受，这些档案以故事形式，直接呈现历史文化的真实场景，激发学习者的兴趣，使教育过程更加吸引人。二是多样性。从不同个体的视角出发，展示了历史文化的全貌，包括其中的复杂性、差异性，这种多元视角加深了学习者的全面理解。三是创新性。通过创意展现，口述档案开拓了历史文化学习的新领域，激发了学习者对新知识的创造力。

（三）口述档案促进社会的认同、团结、和解、创新

口述档案在重塑个体的过往经历方面发挥着关键作用，进而促进社会认同、团结，对社会的稳定发展产生积极影响。这些档案能提升个体归属感，促进不同群体间的理解合作。

1. 口述档案可以增强人们的归属感

口述档案采集是将被采访对象个体记忆进行整理与输出的过程，制作保存为文字记录或声像材料，形成该地域、该人群的特有档案，留存宝贵记忆，提高人们的认同感和归属感。口述档案强化归属感的过程，同时也是人们的历史身份构建的过程，让人们对自己的历史文化有更深的理解，更加肯定自身的价值。具体体现在以下几个方面：

一是重现历史经历。口述档案不仅仅是对过去的记录，它还为人们提供了一种机会，通过个人的叙述来重新连接和反思历史，不仅丰富了

人们对过去的认识，而且加深了人们对集体记忆的理解。通过记录和保存人们在不同历史时期的真实情况，口述档案使人们能更清晰地认识自己的过去，更公正地评价自己的历史经历。

二是阐释文化传统。口述档案利用集体智慧，分析理解群体的文化传统及其内涵。这促使人们深入理解自己的文化传统，增强对文化传统的尊重，鼓励文化的传承。

三是更新价值观念。口述者的深度思考，审视了在不同历史阶段、社会变迁、文化碰撞中形成和演变的价值观，突显其优点与局限。这一过程鼓励人们以更开放的方式考量自身的价值观，同时更包容地理解他人的观念，并能更自由灵活地调整自己的价值体系。

2. 口述档案可以使人们达成共识，促进合作

口述档案在促进不同群体间的理解、尊重、信任方面起到了枢纽作用。口述档案的内容，往往比传统的书面档案更加生动具体，它以第一人称的视角，让人们更直观、更真实地了解历史事件的经过和结果，这种“活”的历史资料，可以为解决现实问题提供参考，从而有助于共识的形成。这些档案来源于人们各自独特的历史文化背景，使得不同的群体能够更深入地理解并接纳彼此的历史文化，信任与尊重的桥梁因此而建立。

口述档案通过以下几个关键途径使人们达成共识：

一是展现共性。口述档案通过对比不同群体的经历，揭示了彼此间的相似之处。这种发现促进了对共同点的认识，加强了不同群体的联系。

二是展现差异。通过展示人们的独特经历，揭示了人与人之间的多

样性。这种理解促使人们尊重彼此的差异，增进了社会的多元化。

三是展现互补性。通过不同群体间的交流合作，口述档案突出了各自优势，通过互补可以加深人们的信任，推动合作。

3. 口述档案可以消除人们的分歧

口述档案在缓和分歧与冲突方面发挥了显著作用。“口述档案能够说明和澄清一些错误或不实的事件，消除了社会矛盾。”[102]深入分析口述档案中人们的历史文化背景，能增进对他人价值贡献的包容理解，保持彼此的平等关系。这种分析对于社会稳定具有重要作用。

口述档案在缓解分歧方面的作用可从以下几个方面体现：

一是揭示历史文化根源。口述档案通过追溯历史文化传统，帮助理解人们的观点是如何形成的。这种深入理解促使人们更公正地看待其他的历史文化，有助于更加理性地进行社会沟通。

二是考量历史文化影响。评估人们的经历所带来的利益，可以揭示人们的观念对自身生活的影响。这种分析增进了对他人历史文化的尊重，促进了社会的和谐。

三是预判历史文化变化。口述档案可以通过对比不同群体的历史文化传统，预测其观点的变化发展。这种前瞻性思考鼓励对他人历史文化的包容理解，促进了社会关系调整。

4. 口述档案可以激发人们对未来的规划

口述档案为人们打开了对未来想象的大门，它根植于丰富的历史文化经验，提供了一种独特的方式，促使人们以开放创新的思维去规划和塑造自己的未来。它激励人们更主动地提升自己的价值，更自由灵活地推动自身的发展。这种创新力量对于推动社会的发展进步具有不可替代的作用，它使得人们能更好地适应社会的变迁与发展，同时对社会创新作出重要贡献。

这种作用可从以下几个方面体现：

一是制定目标。通过汲取历史文化的智慧，口述档案助力人们形成对未来的规划。这个过程帮助人们更明确地认识到自己的未来，并以更合理的方式去规划未来。

二是创新未来的内容形式。利用历史文化传统中的资源，口述档案启发人们以新颖的内容形式表达对未来的构想，这不仅丰富了人们对未来的想法，而且提升了人们展现未来创意成果的能力。

三是适应与引领未来。面对历史文化的挑战，口述档案指导人们预见并适应未来可能的发展变化。这种灵活有效的调整促使人们更积极地适应未来环境，更自由地发展自身的优势。例如，在《老城市·新活力——广州市传统中轴线》的口述档案项目中，通过采集广州市传统中轴线的建设者的口述档案，通过过去的经验来构想未来广州的面貌，以创造关于未来生活方式。这不仅可以激发对未来城市生活的想象创造，也为城市规划发展提供了全新的视角，汇编成参考资料，还可以为广州未来城市发展提供创新的解决方案。

第七章　结论

本研究通过探索口述档案及社会记忆的概念、理论、方法及案例，深入分析了二者之间的相互关系，旨在为档案学、社会学及相关领域提供全新的研究视角和探索空间。以下内容将总结本研究的核心发现，并展望未来的研究方向和实践应用。

一、对口述档案与社会记忆关系的总结和回顾

口述档案记录了人们的经历和回忆，为研究社会记忆提供了宝贵的资源。

一是个人经历的记录。口述档案采集了人们在特定历史背景下的生活经验，通过个人的视角反映了社会的复杂性，对于解读社会记忆具有独特价值。

二是对社会记忆形成的影响。个人的经历和回忆，被记录在口述档案中，有助于从新的视角审视和解读历史事件，促进对社会记忆的理解与传承。

三是研究方法和工具。口述档案提供了研究社会记忆的重要方法和工具，通过分析这些档案的内容结构，可以深入理解社会记忆的形成机制、传播路径。而数字技术又进一步提高了研究效率。

尽管口述档案对社会记忆研究具有重要意义，但在实际研究中也遇

到了一系列挑战。

一是可靠性问题。口述档案的信息可能受到口述者主观性的影响，随着时间流逝，信息的准确性、客观性需要通过与其他档案材料对比分析来验证。

二是多样性问题。口述档案反映的个人回忆在解释上可能存在差异，这体现了社会记忆的多样性，也可能引发关于记忆争议性的讨论。研究者需要从多个角度出发，综合考虑分析不同的观点。

本研究还揭示了口述档案与社会记忆研究的潜在价值，对未来的研究实践提出了以下建议：

一是进一步探索口述档案在记录社会多元性方面的理论和实践。

二是加强口述档案的数字化和数据管理工作，提高其在社会科学研究中的应用效率。

三是增强跨学科合作，将口述档案与社会记忆的研究成果应用于社会科学、历史学、文化研究等领域，以促进社会记忆的全面传承。

通过对口述档案与社会记忆之间关系的深入分析探讨，本研究丰富了档案学和社会学的研究内容，也为未来研究提供了新的方向。

针对口述档案及社会记忆研究所面临的问题，采取一系列创新的方法与技术将提供解决路径。开发更准确、可信的口述档案收集整理技术，将提升口述档案的可靠性。通过运用数字化及数据管理技术，口述档案共享将成为可能，从而提升研究效率。

同时，跨学科合作对于该研究的发展至关重要。由于口述档案与社会记忆的研究跨越多个学科，需集多学科专家之力，采取多角度、多方法来解读、分析口述档案。实践案例的分享也将推动该研究领域的应用与实践。

在应用方面，口述档案对历史研究、社会发展、文化传承、教育、公共政策制定有着极其重要的价值。它们提供了丰富的资料、独特的视角，帮助我们深入理解历史，促进社会记忆的传承，同时为教育、政策制定提供坚实的依据。

对于口述档案与社会记忆未来的发展，应进一步深化研究，开阔视野。探索口述档案与其他档案类型的互动，深入研究其收集整理的方法。推进口述档案的数字化和数据管理，提升研究效率。加强跨学科合作与案例实践的交流，促进研究的应用实践。

总之，口述档案与社会记忆之间的紧密联系，使得口述档案成为研究社会记忆不可或缺的资源。通过对二者关系的梳理与回顾，能深化对口述档案在社会记忆研究中的重要性的理解，也能为将来的研究与实践指明方向。

二、对未来研究和实践的建议

（一）加强理论研究与方法创新

1. 跨学科理论方法

一是历史学的时间性分析。时间性分析是历史学中的一个重要概念，它强调对事件在时间维度上的考察。通过时间性分析，历史学家可以揭示事件的起因、过程、结果，理解其在不同时间节点上的演变影响，这为口述档案的研究提供了一种重要方法，可以帮助我们理解口述档案中的信息如何随时间变化，这些变化如何影响社会记忆构建等。

口述档案记录了人们的经历，涉及不同的时间段。口述档案在构建社会记忆中的作用与书面档案相同，是一种相对于书面档案而言更具有动态性的社会记忆。通过时间性分析，我们可以探讨这些记忆在不同时间节点上的变化。

社会记忆的构建是一个动态的过程，是对过去事件的选择性记忆。时间性分析可以揭示这一过程中的关键因素。不同的研究热点和活跃程度在不同的时间段内有所变化，这也为我们提供了一个宏观的视角来观察口述档案中记忆的时间性变化。

在进行时间性分析时，历史学家可以使用多种方法和工具。例如，时间轴法作为一种直观的时间序列分析工具，能够有效地揭示事件在时间上的分布和演变。通过这种方法，研究者可以清晰地识别出事件的发展趋势、周期性波动以及其他重要的时间模式，为深入理解研究对象提供有力的分析手段；口述历史的对比分析可以揭示不同时间段的记忆差异；档案文献的交叉验证可以提高记忆的可靠性。

未来的口述档案研究应进一步深化时间性分析，探讨记忆在时间维度上的演变规律，这能为社会记忆的保护传承提供新的视角和方法，也能帮助我们识别记忆中的失真情况，提高口述档案的可靠性。

二是考虑媒介特性。媒介在记忆的记录传播过程中扮演着关键角色，书籍、录音、录像、数字媒体等不同的媒介形式，对记忆的影响各有不同。传媒学通过研究这些媒介形式，帮助我们理解它们如何影响记忆。口述档案作为一种特殊的记忆记录形式，其媒介特性对记忆的保存和传播具有重要影响。

近年来，随着摄像技术的高速发展，口述档案已经由原来的以文本载体为主，变成了现在主要以录音或录像的形式存在，这使其具有口语化、即时性、情感化等特点，这些媒介特性使口述档案在记录传播记忆时具有独特的优势。

媒介形式对记忆记录的影响主要体现在信息的选择组织和呈现方式上。“媒介记忆是个人记忆的集合与凝聚，没有作为基础元素的个人记忆，媒介记忆就无法形成；同时，没有个体对媒介内容的关注与选择性记忆，媒介记忆也不可能发挥其对社会（的）影响力。”[103]可见，媒介记忆的基础是信息本身。而以声像介质为载体的口述档案，其记录方式直接影响记忆的内容。正如“照片能以一种可获得和易于理解的方式将记忆具体化，因此，摄影可以有效地帮助人们回忆过去的事情或事件，以至于照片常常成为记忆本身的主要标志”[104]。录音能够记录口述者的语气情感，而录像则能够记录口述者的面部表情、身体语言。这些媒介特性使口述档案在记录记忆时更加生动具体。

媒介形式对记忆传播的影响主要体现在信息的传播效果上。口述档案作为一种录音录像形式，其传播方式直接影响记忆的传播速度和范围。“广播电视作为现代化的大众传播媒介，长期以来，广播电视传统媒体的优势不容置疑，社会公信力强、新闻层层把关、品牌知名度高等，都是广播电视传统媒体的优势。”[105]它们具有传播速度快、覆盖范围广、影响力大的优点，但传播成本高、受众选择有限。尤其是近些年，广播电视在传播口述档案时，通过新闻报道、专题节目、纪录片等方式，快速传播记忆内容，但是随着广播电视的逐渐弱化，传播成本相对较高，受众逐渐递减。互联网和社交媒体作为现代的传播媒介，具有传播速度快、覆盖范围广、传播方式多样等优点，通过视频分享、在线论坛、社交网络等方式，快速传播记忆内容，但信息筛选等问题对口述档案造成一定冲击。

在研究重大历史事件的口述档案时，不同媒介形式对记忆起到了至关重要的作用。例如，关于抗战时期的口述档案，录音录像可以详细记录口述者的语气情感，使得这些记忆更加生动具体。通过广播电视播放的口述档案可以迅速传播，广泛影响公众的历史认知。互联网的应用，使得这些历史记忆可以更广泛地传播互动，吸引不同背景的受众参与讨论分享，增强了记忆的社会影响力。

在研究个人生活经历的口述档案时，不同媒介形式同样展现了其独特的影响力。例如，关于移民经历的口述档案，录音录像能够真实记录口述者的生活细节，使得这些记忆更加具体感人。通过互联网和社交媒体，这些个人记忆可以迅速传播，形成广泛的社会共鸣，“将把用户从受众的角色中解放出来，不再是在有限的节目中进行选择，让每个人都有机会在自发意见的无限制交流中发出自己的声音”[106]。受众可以通过在线平台分享自己的类似经历，形成一个互动的记忆社区，增强记忆的社会性。

研究媒介与记忆的关系，为社会记忆研究提供了新的视角和方法。通过分析不同媒介形式对记忆记录、保存、传播的影响，我们可以揭示记忆的媒介化过程，理解记忆在不同媒介形式下的再现过程，有助于揭示记忆的复杂性，也能为社会记忆的保护传承提供理论基础。

未来的社会记忆研究应进一步深化对媒介与记忆关系的探讨，结合具体的媒介形式，探讨记忆记录、保存传播的具体机制，为社会记忆的保护传承提供新的策略。

2. 结合我国的实际条件

考虑我国丰富的历史文化背景，特别是区域之间的多样性、差异性，研究应深入探讨我国特有的历史、文化、社会多样性等因素，以提升研究的针对性。

一是长期的历史连续性。“中华文明既是历史最悠久的文明之一，又是唯一绵延不断且以国家形态延续至今的伟大文明。”[107]这种历史连续性体现在文字记载中，也深深植根于人们的记忆和口述档案中。口述档案在记录传承中国历史连续性方面具有独特的价值。通过口述档案，我们可以记录不同历史时期人们的生活经历、社会变迁，揭示历史的连续性。口述历史档案不仅是对过去历史档案的确实与断层的补充，也是研究我国历史渊源、民族语言文字、风俗习惯、经济发展等第一手材料的佐证，有利于记录、核实重大历史事件。例如，通过记录老一辈人的口述档案，我们可以了解他们对抗战时期、新中国成立初期、改革开放时期的记忆，揭示这些历史事件对社会的深远影响。其中，家族史也是中国历史连续性的一个重要体现。通过记录家族成员的口述档案，我们可以了解一个家族在不同历史时期的变迁传承。例如，广州市档案发展中心（广州市音像资料馆）在《家族往事》的口述档案采集项目中，通过对多个口述者的采访，记录了不同口述者的家族从新中国成立前到现在的历史，揭示了家族在不同社会背景下的生存发展，展现中国历史的连续性。

二是地域文化的多样性。中国的地域文化多样性极为丰富，从北方的长城到南方的水乡，从东部的海港城市到西部的丝绸之路，每个地区都有其独特的文化历史。[108]既有江南的婉约，又有北方的粗犷；

既有西南的边陲异韵，又有东南的文化。这种地域文化的丰富性和多样性，是中国历史的一个重要特色。记录福建文化的“福州船政文化口述史”“老福州茶摊记忆”“闽都扛斋习俗”“消失的福州老地名”“流动的村庄·口述史中的拖姑村”等口述项目，反映山西历史记忆的“太原记忆系列·金色童年”“时代印记·幸福瞬间”“山西长治资源型地区转型发展”等口述项目，反映江苏地区历史情况的“南京电影制片厂口述史”，还有云南的“云南名人家庭故事会·翠湖故事汇”“云南迪庆少数民族干部成长口述史”“知青云南记忆馆”“老山作战回忆录”等口述项目，广东的“雷州青年运河往述”“雷州青年运河建库开河亲历者口述史”“赣江渔民口述历史”等生动地记录展示了不同地域的文化历史，记录了不同地区人们的历史记忆，揭示了地域文化的多样性。“口述历史可以称做是一个地域‘活的历史’，通过口述访谈，能够将这些在某个地域普通民众中广为流传的地方历史发展进程中的重大事件的细节等显露出来。”[109]例如，南方居民的记忆中充满了商业发展融合的故事。通过口述档案，我们可以记录保存这些记忆，了解南方地区在不同历史时期的经济发展、文化变迁。笔者曾在汕头市的侨批文物馆中看到大量口述档案性质的资料，记录了老一辈商人去南洋的创业经历，可以揭示商业发展对当地社会和家庭的影响。研究社会记忆，需要充分探讨这些地域差异，这些差异在口述档案中得到了生动的体现。通过研究不同区域的口述档案，我们可以揭示区域间的历史文化差异，丰富对我国社会记忆的理解。

三是语言的丰富性。我国是人口众多的国家，方言也繁多。据不完全统计，共有80多种方言。不同地区的方言，承载着各自独特的历史文化记忆。口述档案能够生动记录不同方言中的历史文化。通过口述档案，我们可以保存、传承不同方言中的历史记忆，揭示方言的文化意义。在方言的背景下，口述档案的价值尤为显著，因为它不仅记录了语言的使用，还捕捉了与之相关的文化、传统和社会习俗。例如，记录不同方言区居民的口述档案，可以了解他们在各自语言环境中的生活经历。不同方言区的口述档案能够展示各地独特的文化。例如，广州市档案发展中心（广州市音像资料馆）的口述档案采集工作中，大量口述者为广东本地人，采用粤语交流，对口述者的采访，口述档案的主要表达方式也是粤语，通过记录广东话区居民的口述档案，可以揭示他们在粤语环境中的生活经历。

四是文化传统的多样性。笔者曾到过我国的诸多省份，发现每个省份、每个城市，甚至每个县都有自己独特的地域文化。从宁夏的黄土高坡，到四川的火锅文化，再到广东的早茶文化、云南的多民族文化等，都体现了文化传统的多样性。这种多样性从北到南、从东到西，形成了一幅丰富多彩的文化地图，这既是中国人的精神家园，也是中国文化的一个重要组成部分。这些文化传统在民俗方面得到了充分体现。研究这些文化传统如何在口述档案中被记忆、传承，可以揭示文化传统与社会记忆之间的紧密关联。

民俗是文化传统的重要组成部分，反映了地方社会的生活方式。通过口述档案的收集研究，可以揭示民俗在社会记忆中的作用。民俗通过口述传承的方式，在社会记忆中得以保存和延续。口述档案记录了民俗的具体表现形式，为研究民俗的社会记忆提供了宝贵资料。例如，不同地区有着丰富多样的端午民俗。通过收集、分析不同地区老百姓的口述档案，可以揭示他们对端午民俗的记忆传承。广州市档案发展中心（广州市音像资料馆）长期拍摄广州车陂村、东莞地区的赛龙舟活动，记录波罗诞这一广州乃至珠江三角洲地区独具特色的民间传统节庆活动、最大的民间庙会的口述档案。这些口述档案记录了端午民俗的多样性，也展示了端午节在不同地区的文化特色。

文化传统不仅是社会记忆的重要组成部分，还具有重要的社会功能。通过口述档案的收集研究，可以揭示文化传统在社会中的具体功能。文化传统具有重要的社会凝聚力，“口述历史档案本身的文化属性，具有激励、引导、凝聚作用，能影响群体的观念和行为，增加团体内部的凝聚力，指导群体共同发展”[110]，“口述档案是依靠人的记忆，对传统民族文化资源的再提升。这些被文字或影像记录下来的民族文化，往往蕴含着浓浓民族情结。口述档案内容包括历史口述档案、文艺口述档案、宗教口述档案、伦理口述档案、民俗口述档案，其中许多都体现了一个民族的心理意识、价值观念，甚至感情趋向，他们共同促进民族认同感和凝聚力的形成。”[111]由此可见，通过口述档案的收集研究，可以了解文化传统在增强社会凝聚力方面的具体表现。

研究中国历史文化背景的特点，为社会记忆研究提供丰富的素材。通过口述档案，我们可以揭示中国文化的多样性，有助于丰富对我国社会记忆的理解，也能为社会记忆的保护和传承提供实践指导。未来的社会记忆研究应进一步深化对中国历史文化背景特点的探讨，结合中国的实际条件，探讨不同历史时期、不同地域、不同语言环境下的记忆构建过程。可以为理解社会记忆的复杂性，为社会记忆的保护和传承提供新的策略方法。

（二）扩大口述档案的实证研究和案例积累

口述档案的研究依赖于实践案例的丰富性，需要通过实证研究来验证理论，并通过案例积累来丰富研究内容。

1. 在实证研究中考量时间跨度

在口述档案研究中，时间跨度的考量是理解社会记忆动态性的重要方法。通过选择不同时间点的口述档案，可以观察记忆如何随时间而演变。这种纵向研究有助于揭示记忆的形成演变过程，提供更加全面的研究视角。时间跨度的考量能够揭示记忆在不同时间点的变化，还能够反映历史背景对记忆的影响。通过纵向研究，可以更好地理解社会记忆的复杂性。

纵向研究需要系统地收集分析不同时期的口述档案。通过定期访谈同一批口述者，记录他们对同一事件的记忆变化，也可以通过收集不同时间点的口述档案，进行比较分析。尽管时间跨度的考量在口述档案研究中具有重要意义，但也面临一些问题。在广州市档案发展中心（广州市音像资料馆）的口述档案采集实践中，由于选择的采集对象往往年龄较大，目的是抢救口述档案资源，但是这种选择也客观上造成了后续联系再次采集的难度，部分口述者在接受采访后不久，就因为身体原因无法再次接受采访，甚至有些人与世长辞。口述者流失、客观环境变化等问题都会影响长期跟踪，样本难以保持一致性。可以通过建立详细的口述者档案，定期联系口述者，确保样本的持续性，也可以通过扩大样本规模，提高研究的代表性。而在不同时期，口述档案的采集方案、采集技术存在差异，也影响口述档案数据的一致性，这就需要通过标准化访谈提纲、记录方法，确保不同时期口述档案的数据一致性。未来，随着研究方法的不断创新，时间跨度的考量在口述档案研究中的应用将不断拓展深化。

2. 案例积累的策略

在口述档案研究中，案例积累是理解历史事件的重要方法。通过系统地积累分析典型案例，可以揭示更深层的历史真相。

一是采集典型口述档案。从收集的口述档案中挑选出具有代表性的案例进行深入分析，是案例积累的重要策略。这些典型案例可以作为理解特定历史事件的窗口，提供深刻的启示。

在选择案例时，可以考虑以下标准：

代表性：选择能够反映普遍现象的案例。在广州市档案发展中心（广州市音像资料馆）的红色口述档案采集实践中，采集组“聚焦英雄人物，彰显典型代表性。采集组遵循多角度、多层次、最大限度地弥补历史记录不足的原则，认真分析研究《获颁“光荣在党50年”纪念章老党员代表推荐表》，按照年龄相对更大、事件参与度更高、事迹更辉煌三个主要维度确定口述采集人物，力求采集对象更具代表性。如年龄超过80岁的广州市先进工作者，多年参与广州南沙区建设的南沙区人大常委会副主任，先后荣获解放西南、海南岛、华中南、华北纪念章的老战士等。通过对典型人物典型事件的口述采集，留存红色文化遗产，传承红色基因”[112]。

特殊性：选择具有独特经历的案例。特殊性强调的是选择那些具有独特视角和经历的个体作为口述档案的对象。这样的个体往往能为我们提供官方记录中可能忽略的细节和视角，从而增加档案的深度和维度。

丰富性：选择信息翔实、内容丰富的案例。丰富性要求我们在选择对象时，不仅要覆盖广泛的社会群体和历史事件，还要注意个体经历的多样性，以形成一个内容丰富、信息全面的档案库。

时效性：选择与研究主题相关的最新案例。时效性关乎选择那些能够反映当前社会、历史背景的个体或群体，以保证档案的现实关联性和未来的使用价值。在广州市档案发展中心（广州市音像资料馆）的《抗疫战士》口述档案采集实践中，为了确保时效性，在疫情刚开始但还未结束时，就启动了《抗疫战士》采集项目，为了采集不同视角的声音，采集者分别采集了不同身份的人，比如参与国外援助的知名专家、援助不同地区的医生，采访了同一个医院的领导、专家、医生、护士，尽量留存不同层次的信息记录。

二是深入分析典型案例。对挑选出的典型案例进行深入分析，是理解和解释历史事件的重要步骤。通过深入分析，可以揭示案例背后的历史真相。在对典型案例进行分析时，既要对口述档案的文本内容进行详细分析，揭示口述者的记忆特点，又要结合口述者的具体情境，分析记忆内容的影响因素，既要将典型案例与其他案例进行比较，揭示记忆的共性和差异，又要结合历史文献、档案资料、其他口述档案，进行多角度综合分析，揭示历史事件的多维度特征。

3. 推广口述档案项目

广泛开展教育、纪念、公益等各类口述档案项目，提升公众参与度，促进口述档案的广泛应用。

一是教育项目。教育项目旨在利用口述档案，帮助学生了解历史，增强历史意识。将口述档案纳入学校课程，设计专题课程。例如，在历史课中增加口述历史专题，通过播放口述档案录音录像，让学生了解历史事件的多维视角。举办口述档案相关的讲座，邀请口述历史参与者分享经验故事。例如，组织口述档案工作室，教学生如何进行口述采访、档案整理，增强实践能力。例如，中国传媒大学崔永元口述历史研究中心作为国内最大的记忆采集机构，自2015年起，多次策划并举办口述历史培训项目。为有志于口述历史理念与实践学习的团队和个人提供培训机会，帮助学员了解口述历史前沿理论，掌握口述历史访谈和整理的基本方法、操作流程，共同搭建起从业者交流互助的平台。2024年5月17日至19日，该中心与校教育发展中心再次联合举办口述历史工作坊，为计划开启或正在实践口述历史项目的团体或个人提供课程支持，让更多人参与到历史记录、发掘与传播中，将课程收获注入实践成果，汇聚时代记忆，进一步拓展口述史在凝练中国式现代化的历史经验、阐释中国式现代化的时代意义等方面的重要功能。而广州市档案发展中心（广州市音像资料馆）在主题党日活动中，已经将《共产党员风采》口述档案的采集项目观摩作为档案馆党员教育的一项重要活动。这项活动也可以用同样方法推广到学生的口述档案教育中。开发口述档案教育资源，如教材、视频、在线课程等，供学生使用。制作口述档案教学视频，展示口述档案的采集、整理分析过程，帮助学生理解口述档案的应用。

二是纪念项目。纪念项目通过口述档案记录传承重要历史事件的记忆，增强社会对历史事件的关注。组织纪念活动，通过口述档案展示人物经历。可以在某一历史事件纪念日，举办口述档案展览，展示参与者的口述档案，增强人们对事件的了解。在纪念馆中设立口述档案展区，展示口述档案资料。例如，在战争纪念馆中设立口述档案展区，播放老兵的口述档案，展示战争的真实经历。出版纪念书籍，收录口述档案内容。例如，广州市档案发展中心（广州市音像资料馆）即将出版的《南粤追梦人口述档案整理研究》收录了许多历史事件的口述档案，可以作为纪念和教育资源。

三是公益项目。公益项目通过口述档案记录保存社会各界的记忆，促进社会公益事业的发展。在社区中开展口述档案项目，记录社区居民的生活经历。比较典型的是广州的小东园社区，这里保存了几代铁路人的记忆。《2021年中国口述历史观察报告》记载，“澳门庙宇文化口述历史”“土楼记忆”“坛根儿往事——天坛地区口述历史”“黄河边的北京人——京星移民文化及人生发展”“香港浸会大学社区长者口述历史”项目已经进行口述采访，保存社区历史记忆。另外，“光明巷45号民居拾遗”“童年城市的消失”“再见，长江西路301号”“重庆老商号宝元通口述历史”“记忆东山·老洋房里的人和事”“平凉路2767弄——上海十九棉百年工房口述史”“重庆母城建筑口述丛书”等项目也记录了建筑领域的口述档案。与公益组织合作，开展口述档案项目，记录公益活动。例如，与环保组织合作，记录环保志愿者的口述档案，展示环保事业的发展历程。通过媒体和社交平台传播口述档案，呼吁人们参与公益事业。

四是展览。展览是展示口述档案的重要形式，通过视觉和听觉的结合，提升人们的参与度和体验感。设计富有互动性的展览，吸引更多人参观。可设计多媒体展览，结合音频、视频、图片等多种形式，展示口述档案内容，增强展览的感染力。例如“国际口述历史项目展”，旨在以静态展览、视频展示和登台分享等多样化的形式，为国内外优质的口述历史项目提供一个展示自我的平台，于每年的11月1日至12月31日线上线下同步推出。经过层层筛选，2021年国际口述历史项目展共展出80个项目的相关海报、图书、视频及各类衍生品。其中既有《深圳口述史》这样的宏大叙事，也有《北京协和医院老专家口述历史文化传承教育项目》《中国图书馆界重要人物专题——孟广均口述史》《坛根儿往事——天坛地区口述历史》等关注一地、一人或者一个机构的微观视角，充分展示了口述历史在不同层面、不同领域的广泛应用。还可以通过增加互动体验环节，让观众参与展览过程。例如，设置互动屏幕，观众可以选择播放不同的口述档案视频，了解不同的历史事件。也可以组织巡回展览，将口述档案展览带到不同的城市，扩大影响力。

（三）加强跨学科合作交流

口述档案研究跨越了多个学科领域，其发展依赖于广泛的跨学科合作和深入的交流互动。通过建立学术组织、推动学术交流合作，可以促进研究创新。

1. 建立学术组织

建立专门的研究中心、学会、期刊等机构，推动口述档案研究的学术交流。成立跨学科研究中心，汇聚历史学、社会学、人类学、心理学、信息科学等多个学科的专家学者，共同研究口述档案。例如，成立口述档案与社会记忆研究中心，聚焦口述档案的收集、整理、分析应用，推动跨学科研究的深入发展。目前国内也进行了相关的一些探索，如深圳特区口述史与纪录片研究中心、中国传媒大学崔永元口述历史研究中心、山东建筑大学建筑口述史研究中心。也可以在研究中心内设立专项研究项目，针对特定主题开展深入研究。例如，为传承辛亥革命精神及深化口述史学与辛亥革命研究，2023年9月12日，澳门辛亥·黄埔协进会联合中国现代文化学会口述历史专业委员会、中国传媒大学崔永元口述历史研究中心、江苏省历史学会、江苏省口述历史研究会、台湾辛亥武昌首义同志会、日本神奈川大学中国人留学生史研究会、中华南社学坛、中华辛亥文化基金会、水晶晶南浔·“象牛”后裔上海联谊会举办了以“革故鼎新　继往开来——口述历史与辛亥革命研究”为主题的国际学术研讨会。2023年4月在江苏溧阳举办的中国式现代化叙事与口述历史学术研讨会，5月在河北廊坊举办的新时代中国口述历史的发展与动向学术研讨会，10月在山东济南举办的中国建筑口述史学术研讨会和在吉林长春举办的全国体育口述历史学术年会，12月在北京举办的妇女口述历史项目高质量发展研讨会等，无不体现出各会议主题、研究领域对口述历史作用的全方位开发，极大地体现了学术界敞开胸怀迎接技术革新和公众参与的趋势。《2023年中国口述历史观察报告》记载，口述档案机构也在现有基础上继续推进口述档案项目的进一步发展，如杭州师范大学周东华教授牵头的“全国麻风病防治亲历者口述史”项目，宁波大学公众史学研究中心开展的“宁波大学退休领导口述历史”“公共史学教学交流会”“浙东革命亲历者口述访谈”“风华回忆录”等项目，山东建筑大学建筑口述史研究中心开展的“传薪计划·中国建筑口述史实践工作坊”“第六届建筑口述史研讨会系列衍生作品”“黄河下游百位工匠口述”等项目，加拿大移民口述历史项目组创作的“选择——华人移民口述历史丛书第二册”和“一路向北”等。

成立口述档案研究学会，吸纳国内外相关领域的研究者和从业者入会，推动学术交流。例如，在中国档案学会内设机构中有多个委员会，可以新成立口述档案委员会。组织学会会员活动，也可以广泛征文，举办学术讲座等，邀请专家学者分享最新研究成果，促进学术交流。

创办专门的学术期刊，刊登口述档案研究的最新成果，推动学术传播交流。例如，创办《口述档案研究》期刊，其期刊模式可以参考《档案学通讯》《档案学研究》《档案管理》《北京档案》《浙江档案》等，刊登高质量的学术论文、研究报告、书评，促进学术交流。定期出版专题刊物，聚焦特定主题的研究成果。例如，出版“口述档案与社会记忆”专题刊物，收录相关领域的最新研究成果，推动专题研究的深入发展。目前，温州大学口述历史研究所主办的《口述史研究》以“回顾性、前瞻性、多元性与跨学科性”为学术原则，为口述史研究提供了一个良好的学术交流平台。

2. 参与学术活动

积极举办和参与学术会议、学术论坛等学术活动，扩大学术影响力，研究者可以分享研究成果，与其他领域的学者进行交流合作。

学术会议是研究者分享研究成果、交流学术思想的重要平台。通过组织参与学术会议，可以促进跨学科的交流合作。定期组织口述档案研究的学术会议，会聚国内外研究者，分享最新研究成果经验。例如，举办“国际口述档案与社会记忆学术大会”，邀请全球相关领域的专家学者参会，促进跨国界的学术交流合作，如2021年8月，第21届国际口述历史协会（International Oral History Association，IOHA）大会在新加坡召开。会议围绕“和谐与不和谐：汇集多种声音”，探讨了国际口述历史学界应如何协作发展，共创口述历史的繁荣。2023年，第22

届IOHA大会聚焦数字与视听技术对口述历史研究及实践的影响，关注新技术给全球口述历史带来的机遇与挑战。还可以组织专题研讨会，围绕特定主题进行深入讨论和交流。例如，2023年10月15日，由山东建筑大学、上海文化出版社、路易斯维尔大学、《城市 空间 设计》杂志联合主办的第六届建筑口述史学术研讨会在山东建筑大学召开，研讨会以“地方建筑记忆的记录与呈现”为主题，探讨中国建筑口述史研究。也可以举办“口述档案的数字化与应用”专题研讨会，探讨口述档案的数字化技术和应用前景，促进技术与研究的结合。

学术论坛是研究者进行深入交流的重要形式。通过举办和参与学术论坛，可以促进学术思想的碰撞和融合。定期举办口述档案研究的学术论坛，围绕特定主题进行深入讨论。例如，举办“口述档案与文化记忆”学术论坛，探讨口述档案在文化记忆中的作用，促进学术交流合作。研究者应积极参与各类学术论坛，分享研究成果，吸收多学科的研究方法。例如，参加“数字人文与社会记忆”学术论坛，了解数字化技术在口述档案研究中的应用，推动技术与研究的结合。

3. 利用社会网络平台

建立完善研究的社会网络平台，如网站、博客、微信等，促进公众参与和互动，增强研究的社会影响力。

网站是展示研究成果、提供信息资源的重要平台。通过建立研究网站，可以提升口述档案研究的影响力。例如，创建“口述档案与社会记忆研究中心”网站，提供研究报告、论文、音频视频资料等资源，方便研究者查阅。还可以在网站上设立资源共享平台，提供口述档案的数据库。目前，较为成熟的国内网站是中国传媒大学崔永元口述历史研究中心网站，分为“教学科研”“档案馆藏”“公共服务”“口述历史国际周”“新闻动态”几个板块，正在向数智化的方向开发口述历史数据检索系统。国外网站是OralHistory（口述历史网站）。通过收集、整理、展示个人的亲身经历，记录历史的重要瞬间，以第一人称来呈现历史的真实面貌，有助于保护文化遗产，促进公众对历史的理解，同时也是历史研究者宝贵的资料库。

在线论坛是研究者进行讨论交流的重要平台。通过建立在线论坛，可以促进跨学科的交流互动，增强研究的社会影响力。例如，创建“口述档案与社会记忆研究论坛”，设置不同的讨论板块，如口述历史、社会记忆、数字化技术等，方便研究者讨论交流。2020年9月6日，南京大学当代中国研究院在线上举行“当代中国研究：口述历史、集体记忆与社会认同”论坛。该论坛是中国社会学会2020年学术年会分论坛之一。与会学者以“口述历史、集体记忆和社会认同”为主题，围绕口述史、集体记忆与中国工业化的叙事，新技术背景下口述史研究的变迁、个体经验如何进入“大写的历史”等议题，共同探讨对中国经验、中国体验的理解和研究。还可以建立在线社区，促进研究者的互动合作。例如，创建“口述档案研究者社区”，提供会员注册、个人主页、私信等功能，方便研究者之间建立联系，促进合作交流。定期组织在线主题讨论，围绕特定话题进行深入交流。2024年3月16日至17日，思政课教学与口述历史学术研讨会、江苏省首届口述史成果交流赛暨江苏省口述历史研究会2023年会在河海大学江宁校区成功举办。研讨会的主题就是思政课教学与口述历史。与会者共同研讨思政教学如何创新，尤其是高校的思政课创新，聚焦如何将口述史作为一种行之有效的方法融入思政课中，提升思政课的实效性，展现江苏在思政课创新方面所取得的成果。未来可以探索从线下转为线上线下相融合的方式，促进学术交流互动。

加强跨学科合作交流是推动口述档案研究深入发展的重要途径。通过利用社会网络平台，可以促进公众参与、互动，增强研究的社会影响力。在此过程中，应充分结合口述档案的特点，利用多媒体展示，增强互动性，实现广泛传播，推动研究的深入，促进社会记忆的保存和传承。

参考文献

［1］［9］张敏. 口述档案研究［D］. 安徽大学，2012.

［2］王扬扬. 记忆观视阈下口述档案采集建设研究［D］. 苏州大学，2022.

［3］［10］［54］马云娜. 口述档案对于社会记忆建构的价值及实现过程［D］. 东北师范大学，2014.

［4］左玉河. 中国口述史研究现状与口述历史学科建设［J］. 史学理论研究，2014（4）.

［5］王洪波. 口述历史能否给予“历史的真实”？［N］. 中华读书报，2008-08-20（9）.

［6］侯新兵. 社会记忆与文化情结［J］. 文化学刊，2012（6）.

［7］王超. 论档案与社会记忆［D］. 安徽大学，2011.

［8］石格. 社会记忆视角下的山西宗祠建筑文化空间研究［D］. 西安建筑科技大学，2020.

［11］索长清. 幼儿园教师文化研究的理论基础探究［J］. 江苏第二师范学院学报，2018（1）.

［12］蒋欣欣. 《所罗门之歌》和《接骨师之女》的记忆书写比较［J］. 社会科学研究，2013（6）.

［13］张伟夫，张静. 浅谈地名档案与传统文化的关系［J］. 中国地名，2015（7）.

［14］王会刚. 陕北说书的结构主义研究［J］. 北方文学：中，2018（9）.

［15］［72］陈蕾. 口述档案采集流程研究［D］. 苏州大学，2020.

［16］韩萌萌. 多元互构视角下口述档案采集工作研究［D］. 安徽大学，2022.

［17］刘绅. “新青年耀青春”系列活动的五四运动集体记忆建构研究［D］. 新疆大学，2020.

［18］丁海英. 口述文献及其价值［J］. 群文天地，2012（19）.

［19］袁赛男，冯建辉. 对口述出版史的一点思考［J］. 出版参考，2015（16）.

［20］严永官. 由档案凭证作用的异化看目前对“口述档案”的争议［J］. 档案管理，2013（3）.

[21] 王向女，邱怡璇. 基于标准化流程设计的口述档案真实性保障研究［J］. 山西档案，2021（2）.
[22]［25］［28］罗彩娟. 社会记忆与历史表述［D］. 中央民族大学，2008.
[23] 殷瑞. 代际视角下贫困集体记忆对支出意愿的影响［D］. 中央财经大学，2022.
[24] 陶宇. 社会记忆的功能反思与研究推进［J］. 社科纵横，2011（10）.
[26] 马双双，吴建华. 证据·记忆·遗产：我国破产企业档案管理组织模式研究［J］. 档案学通讯，2018（1）.
[27] 靳文君. 我国档案馆参与社会记忆构建的现状与对策［J］. 档案，2019（2）.
[29] 陶宇，王玥. "家属工"：集体记忆中的制度变迁与身份实践：以Q市H厂为例［J］. 福建论坛（人文社会科学版），2016（2）.
[30] 曲莎薇，郑秀花. 图书馆阅读推广的社会记忆建构功能［J］. 图书馆研究与工作，2021（6）.
[31] 费多益. 记忆的建构论研究［J］. 哲学动态，2010（8）.
[32] 余红兵. 文化记忆与文化遗忘的重新界定［J］. 俄罗斯文艺，2020（1）.
[33]［35］［38］高中建，何晓丽. 文化传承的社会记忆探析［J］. 河南师范大学学报（哲学社会科学版），2013（6）.
[34] 孙波，刘书云，杨一苗，等. 活态传承国宝"破圈"［N］. 新华每日电讯，2022-03-23（6）.
[36]［37］赖国栋. 在历史和现实中穿行：读扬·阿斯曼《文化记忆：早期高级文化中的文字、回忆和政治身份》［J］. 史学理论研究，2016（1）.
[39] 黄明辉. 口述档案与社会记忆建构新释［J］. 兰台世界，2016（23）.
[40] 徐凤仪. 口述历史档案资源建设探析：价值、问题与对策［J］. 兰台内外，2024（18）.
[41]［42］［43］朱丽梅，张娟娟，袁晓凤，等. 高校口述档案的整理分析及保管利用的探讨［C］//国家档案局. 档案与文化建设：2012年全国档案工作者年会论文集（下）. 华南理工大学档案馆，2012：6.
[44] 李星玥. 历史研究视角下口述档案的价值实现［D］. 山东大学，2019.
[45] 于玲. 浅谈口述档案［J］. 兰台世界，2013（32）.
[46]［47］［50］［51］张威. 浅谈档案馆口述档案的价值及征集途径［J］. 北京档案，2013（5）.

[48] 顾静，丁华东. 口述历史档案社会记忆再生产的基本特点与思考［J］. 北京档案，2023（6）.
[49] 韩云惠. 档案记忆研究现状及趋势探析［J］. 档案，2016（4）.
[52]［53］敖俊梅. 田野调查与教育研究［J］. 内蒙古师范大学学报（教育科学版），2007（5）.
[55]［58］可新方. 口述档案的价值分析［J］. 办公室业务，2019（21）.
[56]［57］［67］唐蔚. 再论口述历史档案价值［J］. 兰台世界，2014（5）.
[59]［62］杨静. 基于口述档案的社会记忆构建研究［J］. 档案，2022（5）.
[60]［68］［92］［112］杨洋，王彩虹. 红色口述档案采集利用的实践与探索：以《光荣在党50年》红色口述档案采集工作为例［J］. 中国档案，2023（10）.
[61] 毛经文. 九层之台起于垒土：对“历史解释”落地课堂的策略性思考［J］. 中学历史教学参考，2018（24）.
[63] 唐蔚. 丰满历史：论口述史与口述历史档案［J］. 云南档案，2013（9）.
[64]［65］［66］［74］唐蔚. 论口述历史档案价值论［J］. 湖北档案，2013（8）.
[69] 林凯歌. 基于口述历史档案的发展与意义分析［J］. 中国多媒体与网络教学学报（上旬刊），2018（10）.
[70] 蔡斐斐. 抢救“活的历史”：杭州市上城区启动口述建档工作［J］. 浙江档案，2013（6）.
[71] 王景高. 口述历史与口述档案［J］. 档案学研究，2008（2）.
[73] 李红武，胡鸿保. 国外社会记忆研究概述［J］. 学习月刊，2011（12）.
[75] 韩良. 口述档案与社会记忆构建关系再思考：基于“历史真实性”视角［J］. 档案与建设，2018（4）.
[76] 顾静，丁华东. 口述历史档案社会记忆再生产的基本特点与思考［J］. 北京档案，2023（6）.
[77] 金高峰. 城市档案在“城市记忆”中的发展探究［J］. 兰台内外，2020（30）.
[78] 张会超. 档案文献辨伪延展说论析［J］. 山西档案，2011（3）.
[79] 曲春梅，王静，王宁. 近年来我国档案与记忆研究综述［J］. 档案学研究，2017（1）.
[80] 晏瑾，徐燕. 口述档案对社会记忆构建的影响［J］. 云南档案，2012（4）.
[81] 万文涛. 再论人脑系统的记忆机制［J］. 江西师范大学学报，1999（3）.
[82]［83］汪长明. 记忆不可靠性与口述档案论争［J］. 档案管理，2016（6）.

[84] 朱琼. 新技术4K摄像机在声像档案中的运用与探索 [J]. 兰台世界，2020（7）.
[85] 宋昊. 浅谈口述档案数字化的问题和策略 [J]. 兰台世界，2016（2）.
[86] 陈海玉，万小玥，杨久达，等. 我国口述档案研究的回顾与前瞻 [J]. 档案管理，2019（5）.
[87] 黄琴，华林，侯明昌. 论亟待保护抢救的云南民间少数民族口述历史档案 [J]. 档案学通讯，2009（1）.
[88] 李文鹤. 我国非物质文化遗产口述档案建构研究 [D]. 山东大学，2018.
[89] 周秋萍. 非物质文化遗产口述档案的采集与构建研究 [J]. 兰台内外，2022（31）.
[90] 邓君，王阮. 数字人文视域下口述历史档案资源知识发现模型构建 [J]. 档案学研究，2022（1）.
[91] 王扬扬. 记忆观视阈下口述档案采集建设研究 [D]. 苏州大学，2022.
[93] 周秋光，王笛. 新时代中国特色社会主义社会建设展望 [J]. 社会治理，2018（2）.
[94] 黄桢，王玉龙. 论口述历史档案的证据价值 [J]. 浙江档案，2013（4）.
[95] 李文鹤. 我国非物质文化遗产口述档案建构研究 [D]. 山东大学，2018.
[96] 刘凤文竹. 工业口述史中家庭记忆的建构与传递：以鞍钢为考察中心 [J]. 贵州社会科学，2022（7）.
[97] 於泽锋，智珂珂. 一块布，如何托起一座“城”？ [N]. 绍兴日报，2021-07-07（6）.
[98] 沈鸿雁. 《西柏坡口述史》：党史著作新篇 [J]. 新阅读，2021（5）.
[99] 许凤姣. 社会记忆传承视域下口述档案资源建设的发展路向研究 [J]. 黑龙江档案，2021（6）.
[100] 陈爱蓉. 图书馆对非物质文化遗产口述档案的建立、保护与传承利用探讨 [J]. 四川图书馆学报，2016（4）.
[101] 朱天梅，倪丽娟. 民族文化传承视阈下的口述档案价值研究 [J]. 兰台世界，2015（5）.
[102] 周茂，王海霞，夏锋宵，等. 口述档案的抢救与保护研究 [J]. 山东档案，2014（6）.
[103] [104] 张莉燕. 媒介记忆文献综述 [J]. 新闻研究导刊，2021（3）.
[105] 贾益哲. 广播电视借助新媒体平台实现“借船出海” [J]. 科技传播，2018（18）.

[106] 凡玉鑫，刘保庆. 数字媒体中的文化记忆建构和历史再现［J］. 新闻潮，2024（6）.
[107] 方志远，汪红亮. 中华文明何以保持连续性［J］. 历史研究，2023（5）.
[108] 滕依辰. 做融入地域文化的设计［J］. 建筑与文化，2024（6）.
[109] 寇鹏飞. 地方史学研究中的口述历史方法浅析［J］. 世纪桥，2012（17）.
[110] 杨彬，姚克. 数字人文视域下口述历史档案资源开发研究［J］. 辽宁省社会主义学院学报，2023（2）.
[111] 朱天梅. 民族文化传承视角下的口述档案研究［J］. 湖北档案，2014（6）.